HARMONIE PRATIQUE

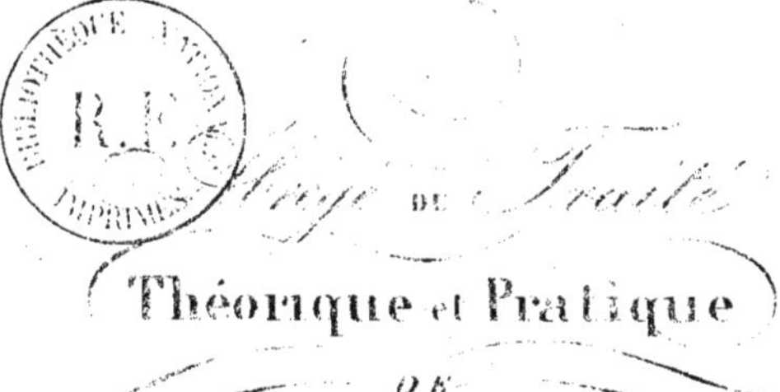

Solfège ou Traité

Théorique et Pratique

DE

Henri Lemoine

PAR

CHARLES BIZOT

Organiste et Maître de Chapelle de l'Église S.t Antoine

Prix net 5.f

PARIS, chez HENRI LEMOINE, [illegible] Editeur

1851

AVERTISSEMENT.

Il a déjà été publié un grand nombre d'ouvrages traitant en général de la classification des accords. et en particulier de l'harmonie pratique; dans ce nombre, où il est juste d'en distinguer plusieurs, je donnerai sans crainte, une des premières places, au traité théorique et pratique de Mr Henry Lemoine.

Quand parut cet ouvrage, je remarquai avec quelle heureuse lucidité, les principes de l'harmonie étaient résumés, l'idée me vint alors de profiter de cette excellente méthode pour mes élèves, je fis un abrégé tracé exactement sur le même plan, divisé par le même classement, je fis voir ce travail a Mr Henry Lemoine, et je fus heureux de lui entendre dire qu'il remplissait un désir que souvent il avait formé: il m'offrit donc de le publier, pensant qu'un ouvrage abrégé, et par conséquent d'un prix moins élevé, serait bien accueilli et engagerait beaucoup d'élèves à diriger leurs études vers cette partie de l'art musical, trop souvent négligée par les jeunes pianistes.

Cet ouvrage que j'intitule **HARMONIE PRATIQUE**, se rapporte entièrement au Piano, ou à l'Orgue, les exemples sont tous écrits de manière à tenir l'harmonie renfermée dans la position de la main.

Je le présente donc avec confiance au jugement du public, fort que je suis déjà de l'approbation de celui que j'ai été heureux de prendre pour guide.

CH. BIZOT.

Organiste, maître de chapelle
de l'Eglise St Antoine à Paris.

TABLE DES MATIÈRES.

L'harmonie est l'effet produit par plusieurs sons, entendus simultanément. les accords sont produits par la superposition de certains degrés de la gamme. La distance qui sépare ces degrés se nomme *intervalle.*

INTERVALLES.

Tous ces intervalles peuvent subir une modification qui prend une dénomination particulière, par l'altération du ♯ ou du ♭. Les plus rapprochés s'appellent **MINEURS**. Les plus éloignés **MAJEURS**. Ceux qui par l'effet du dièze ou du bémol, sortent de la tonalité, s'appelent **DIMINUÉS** et **AUGMENTÉS**.

Sixtes. Septième. Octave.

Diminuée. Mineure. Majeure. Augmentée. Diminuée. Mineure. Majeure. Juste.

Les intervalles se divisent en deux classes.

Les Consonnants.

Tous les autres intervalles sont dissonnants.

Les Consonnances sont de deux espèces.

Lorsque les intervalles se renversent (*)

Dans les renversements les intervalles majeurs donnent des intervalles mineurs. Les intervalles mineurs, des majeurs, les intervalles augmentés, des intervalles diminués, et les diminués, des intervalles augmentés.

(*) Renverser un intervalle c'est mettre la note de la partie la plus grave à la partie la plus aigue.

Intervalles 1 2 3 4 5 6 7 8.

Renversements 8 7 6 5 4 3 2 1.

ACCORDS PARFAITS.

Il y a deux espèces d'accords parfaits qui sont

1.° l'accord parfait majeur   2.° l'accord parfait mineur

L'UT dans ces deux accords est la note fondamentale, ou basse fondamentale; quand cette note est dans la basse, l'accord n'est pas renversé, il est dans son état direct.

Quand la tierce de l'accord est dans la basse, cet accord est dans son premier renversement, si la quinte est a la basse, l'accord est dans son second renversement.

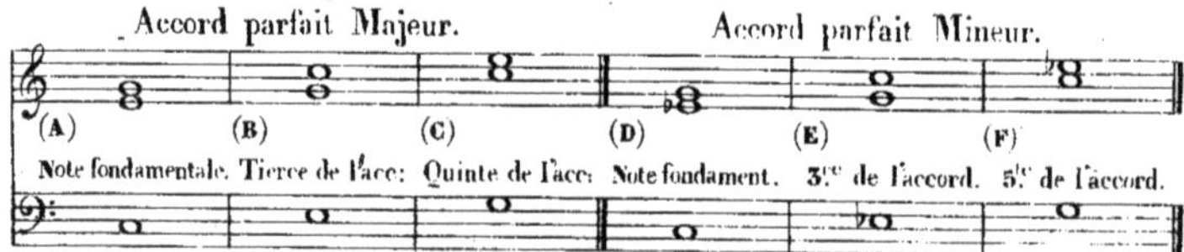

Accord parf: maj: sans renversement.	Accord parf: maj: dans son 1.er renv:	Accord parf: maj: dans son 2.e renv:	Accord parf: min: sans renversement.	Accord parf: min: dans son 1.er renv:	Accord parf: min: dans son 2.e renv:

(A) l'ACCORD PARFAIT MAJEUR est composé d'une 3.ce MAJEURE et d'une 5.te PARFAITE.
(B) son PREMIER RENVERSEMENT est composé d'une 3.ce MINEURE et d'une 6.te MINEURE.
(C) son SECOND RENVERSEMENT est composé d'une 4.te JUSTE et d'une 6.te MAJEURE.
(D) l'ACCORD PARFAIT MINEUR est composé d'une 3.ce MINEURE et d'une 5.te PARFAITE.
(E) son PREMIER RENVERSEMENT est composé d'une 3.ce MAJEURE et d'une 6.te MAJEURE.
(F) son SECOND RENVERSEMENT est composé d'une 4.te JUSTE et d'une 6.te MINEURE.

L'accord parfait majeur ou mineur se chiffre par un **3** un **5** ou un **8** (suivant les cas)

Le 1.er renversement se chiffre par un **6** (on le nomme accord de Sixte consonnante)

Le 2.me renversement se chiffre par $\frac{6}{4}$ (on le nomme Quarte et Sixte)

Remarques. I. Souvent pour abreger, on ne chiffre pas la note qui doit porter l'accord parfait.

II. Quelques fois on emploie un ♯ un ♭ ou un ♮ pour indiquer l'alteration de l'intervalle que ce chiffre représente.

III. On place aussi l'accident dessous un chiffre, dans ce cas il marque l'altération de la tierce.

IV. L'accident marqué seul au dessus, de la note de basse, indique l'altération de la 3.ce de l'accord parfait; mais en général l'emploi des accidents pour la basse chiffrée, n'a lieu que dans les tons du mode mineur et dans les modulations.

Dans les tons du mode majeur on peut placer un accord parfait sur les six premières notes par exemple en **UT**.

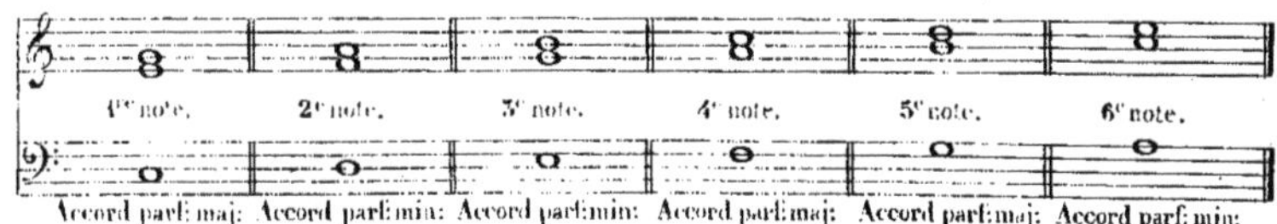

Trois sont donc majeurs, et trois mineurs.

Majeurs sur les 1re 4e et 5e notes. Mineurs sur les 2de 3e et 6e notes.

1re note. 4e note. 5e note. 2e note. 3e note. 6e note.

Dans tous les tons du mode mineur on ne peut placer l'accord parfait que sur quatre notes. Savoir par exemple, en **LA**. mineur.

Deux sont mineurs, et deux sont majeurs.

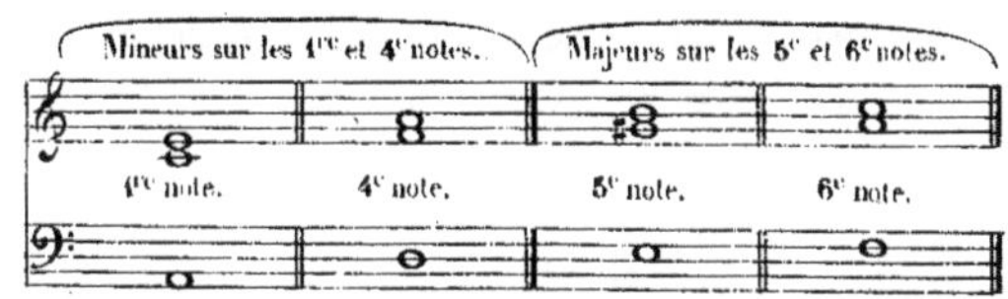

Dans chaque ton du mode majeur et du mode mineur cinq notes ont une dénomination particulière.

1° la première note se nomme **TONIQUE**.
2° la troisième .... **MEDIANTE**.
3° la quatrième **SOUS DOMINANTE**.
4° la cinquième **DOMINANTE**.
5° la septième **NOTE SENSIBLE**.

MOUVEMENTS.

On emploie pour faire marcher l'harmonie dans ses différentes parties trois mouvements qui sont: 1° le mouvement **DROIT** ou **DIRECT**. 2° le mouvement **OBLIQUE**. 3° le mouvement **CONTRAIRE**.

Comme on pourrait confondre les renversements avec les positions des différentes parties, nous allons donner les exemples de ces positions.

(*) Nous avons dit plus haut que l'accord se chiffrait par un 3 ou un 5 ou un 8 et son premier renversement par un 6. Ceux que nous plaçons ici dans cet ordre ne sont que pour indiquer plus clairement la position des intervalles.

DE L'ENCHAÎNEMENT DES ACCORDS PARFAITS DANS LE MODE MAJEUR.

Comme c'est la Basse qui porte les accords, c'est la marche qu'elle suit qui indique les accords que l'on doit employer.

Deux accords se lient naturellement lorsque leur basse fondamentale fait les mouvements suivants.

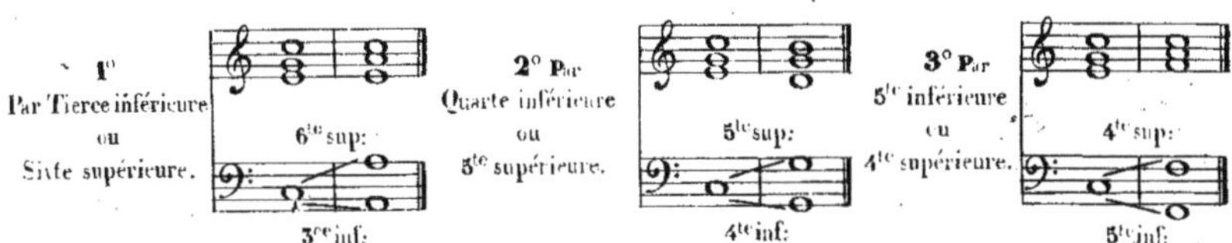

Lorsque la Basse descend de tierce il y a deux notes communes d'un accord à l'autre, et lorsqu'elle descend de quarte ou de quinte il n'y en a qu'une (Voyez l'exemple suivant.)

Outre les trois successions précédentes on peut aller (mais plus rarement.)

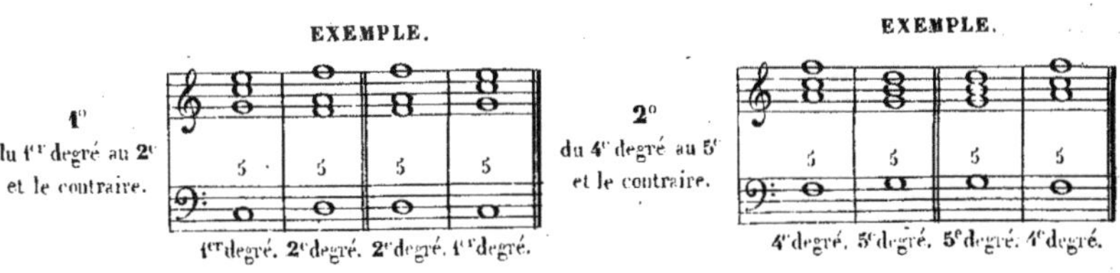

Nta Nous marquons les notes communes d'un accord à l'autre par une liaison.

(*) On peut quelque fois quitter la position pour éviter de conduire l'harmonie de la main droite trop haut, mais il faut le faire avec ménagement et éviter que les parties ne sautent de trop grande distance.

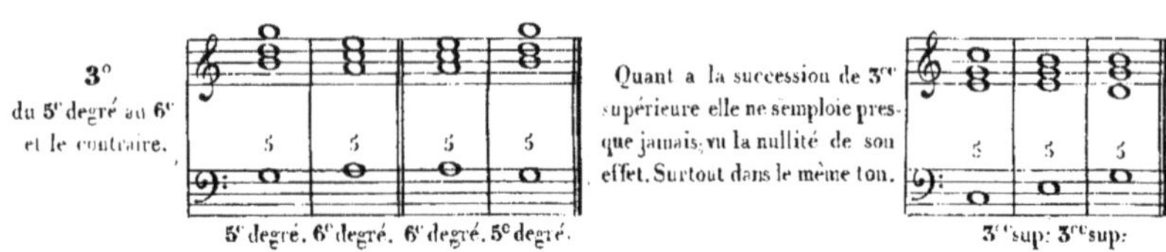

Remarque. Lorsque la basse monte ou descend de seconde l'attention devient necessaire, car il n'y a pas de note commune d'un accord a l'autre, il faut éviter de se servir du mouvement direct qui amènerait infailliblement a faire des quintes et des octaves de suite ce qui est mauvais, et défendu comme nous l'avons dit (Voyez l'exemple suivant.)

LEÇONS D'ACCORDS PARFAITS MAJEURS ET MINEURS.

1re POSITION.

2e POSITION.

5 5 5 5 5 6 4 5 5 6 5 5 6 5 5

(Nta) Nous recommandons aux élèves de pratiquer ces leçons lentement, et aux professeurs de faire exécuter les trois positions; car dans la suite de l'ouvrage nous ne donnerons que la première de chaque leçon pratique.

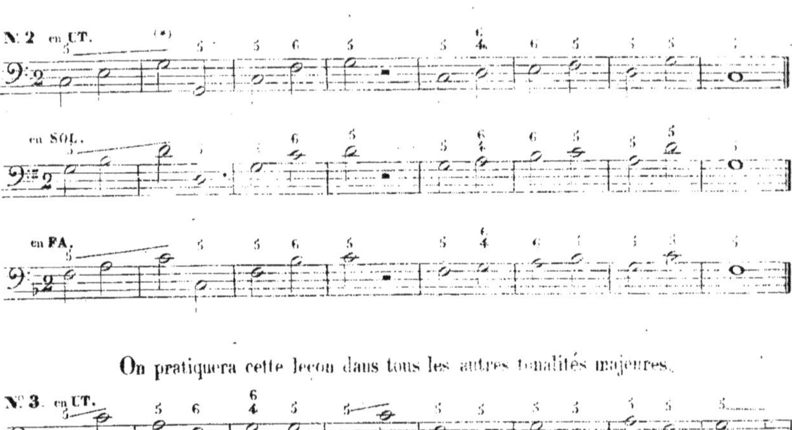

On pratiquera cette leçon dans tous les autres tonalités majeures.

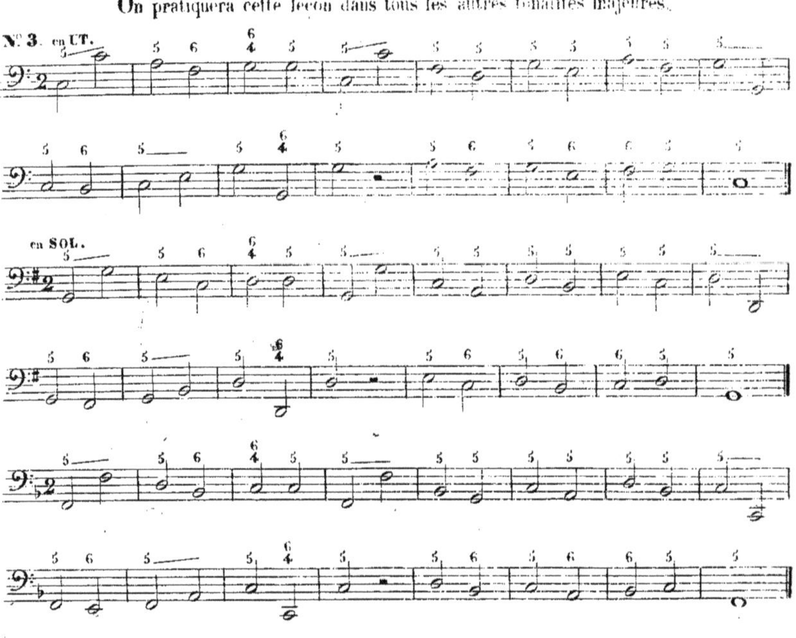

(*) Cette barre tirée au dessus de plusieurs notes indique la continuation de l'accord où elle prend son point de départ

CADENCES.

Nous donnons ici un simple exposé des cadences, comme étant nécessaire dans les explications de l'accord de quinte diminuée.

La cadence harmonique est de trois espèces: savoir:
1° la cadence parfaite (A) 2° cadence imparfaite ou demi-cadence (B) 3° la cadence rompue (C)

Remarques. I. La cadence parfaite est la résolution de la dominante sur la tonique. (A)

II. La cadence imparfaite est le mouvement que fait la basse en allant de la tonique ou du 4e degré a la dominante. (B)

III. La cadence rompue est la résolution de la dominante sur le 6e degré ou sur le 4e. (C)

ACCORD DE QUINTE DIMINUÉE.

L'accord de quinte diminuée est composé de **TIERCE MINEURE** et **QUINTE DIMINUÉE** (A) il se chiffre par un 5̸ barré.

Son premier renversement est composé de **TIERCE MINEURE** et **SIXTE MAJEURE** (B) il se chiffre par un ×6 ou un 6 sans croix.

Son second renversement est composé de **QUARTE AUGMENTÉE** et **SIXTE MAJEURE** (C) il se chiffre par $\times{}^{6}_{4}$

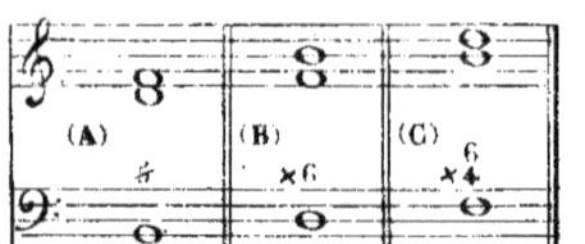

Cet accord s'emploie particulièrement sur le **SECOND DEGRÉ** du mode mineur et se résout régulièrement sur l'accord parfait majeur de la **DOMINANTE** de ce mode (D) dans les formules de cadences il se résout sur l'accord de $^{6}_{4}$ (second renversement de l'accord parfait mineur de la tonique) (E)

(D) 5 — 5̸ — 5/♯ — 5 — (E) 5 — 6 — 6/4 — 5/♯ — 5

acc: de quinte diminuée. — résolution sur l'acc: de la dominante. — acc: de quinte diminuée dans son 1er renv: — résolution sur le 2e renv: de l'acc: parf: de la tonique.

L'accord de quinte diminuée se place aussi sur la note sensible du ton majeur mais dans ce mode on ne l'emploie que dans les progressions où il se résout presque toujours sur la quinte inférieure ou sur la quarte supérieure.

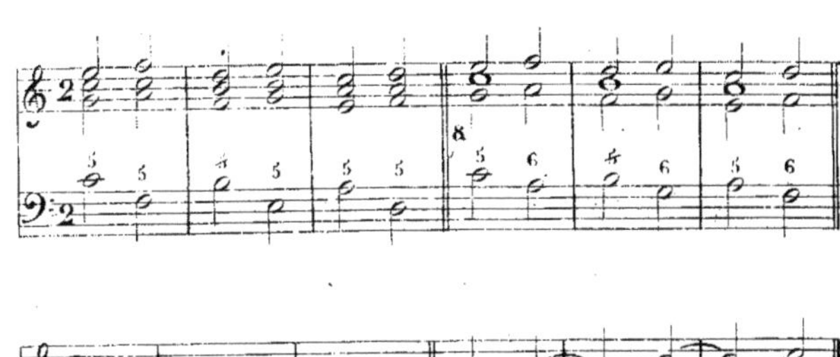

A quatre parties on peut doubler indistictement toutes les notes.

LEÇONS SUR L'ACCORD DE QUINTE DIMINUÉE.

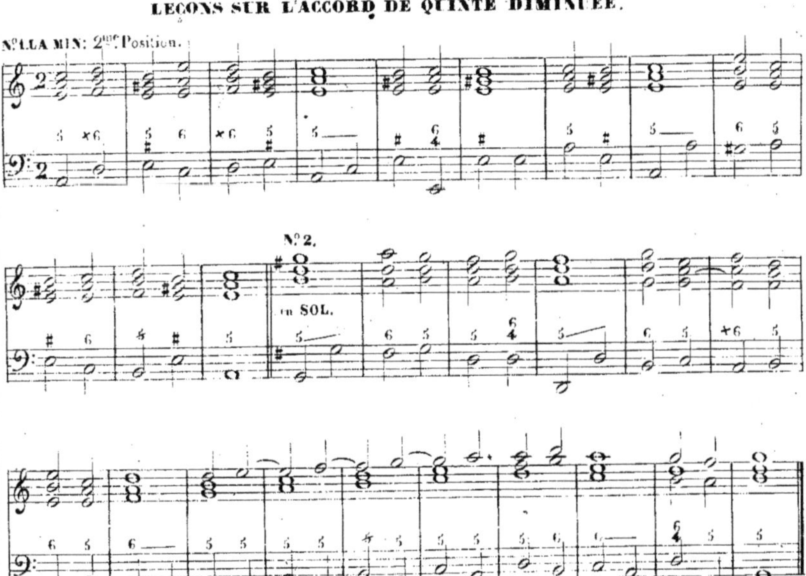

Nous recommandons encore aux professeurs de faire transcrire a l'élève ces leçons dans toutes les tonalités, et les lui faire pratiquer lorsqu'il en aura écrit l'harmonie.

ACCORD DE SEPTIEME DE DOMINANTE.

Il est composé de **TIERCE MAJEURE, QUINTE PARFAITE,** et **SEPTIÈME MINEURE (A)**
il se pose sur la dominante (5e note) des modes majeur et mineur, et se résout sur la *tonique*.
il se chiffre par 7 (la croix indique la 3ce majeure)

Son premier renversement se compose de 3ce **MINEURE**, 5te **DIMINUÉE**, et 6te **MAJEURE (B)**
il se pose sur la note sensible (7e note du ton)
il se chiffre $\frac{6}{5}$ et se nomme accord de sixte et quinte diminuée.

Son second renversement se compose de 3ce **MINEURE**, 4te **JUSTE**, et 6te **MAJEURE (C)**
il se pose sur la seconde du ton.
il se chiffre $\frac{4}{3}$ ou $\overset{+}{6}$ et se nomme accord de 6te sensible.

Son troisième renversement se compose de 2de **MAJEURE**, 4te **AUGMENTÉE**, et 6te **MAJEURE (D)**

Il se pose sur la 4e note du ton, mais il faut qu'elle descende d'un degré il se chiffre par $\times\frac{4}{2}$ ou $\frac{\times}{2}$ et se nomme accord de triton.

RESOLUTION DE L'ACCORD DE 7me

ETAT DIRECT.

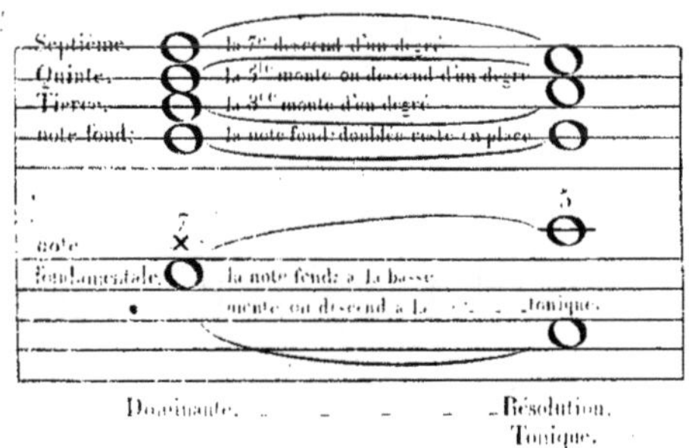

Le principe de la résolution des notes de l'accord de 7e état direct, est absolument le même dans ses trois renversements.

EXEMPLE.

Renversements de l'accord de 7e de dominante.

1er renv: résolution. 2e renv: résol: ou idem: 3e renv: résol: (ou) idem: (ou) idem:

Le second renversement de l'accord de 7e dominante et le second renversement de l'accord parfait (majeur et mineur) peuvent devenir mauvais par rapport a la 4te juste que la basse fait avec l'une des parties hautes, si l'on n'observe pas le principe suivant pour l'employer, qui est de préparer cette 4te et de la résoudre, on la prépare de deux manières.

N° 1. N° 2.

Dans les formules de cadence on peut ne pas préparer la 4te cette exception est la seule.

LEÇON SUR L'ACCORD DE 7me DE DOMINANTE.

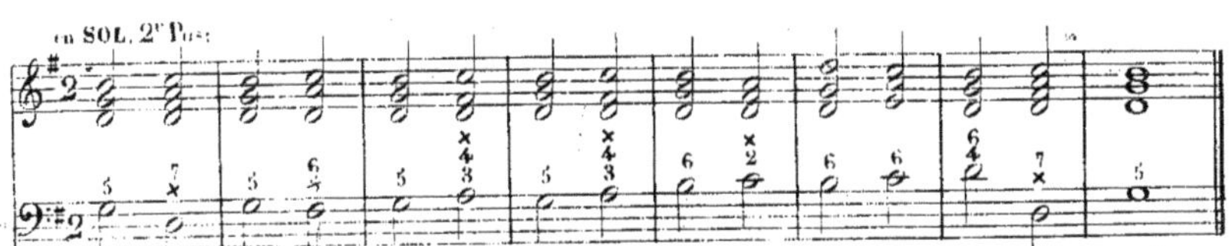

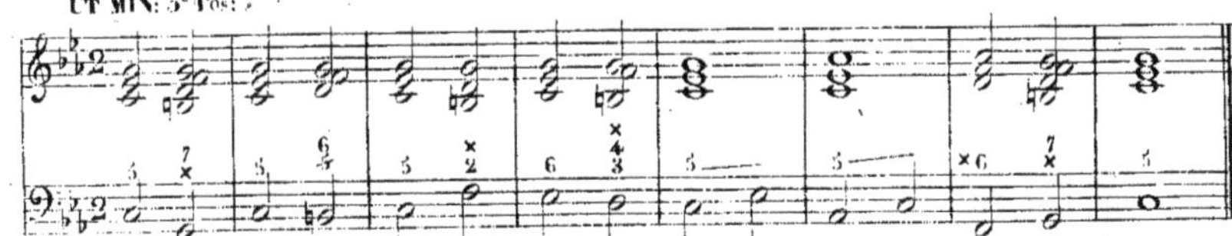

Exercer tous les tons comme aux précédents accords.

DES TONS RELATIFS.

Deux tons sont relatifs, lorsqu'ils ne diffèrent entr'eux que d'un accident à la clé, soit en plus, soit en moins, ou quand ils en ont le même nombre.

UT majeur.	ton principal.		**LA** mineur.	ton principal.
RÉ mineur.	————		**UT** majeur.	————
MI mineur.	————		**RÉ** mineur.	————
FA majeur.	————		**MI** mineur.	————
SOL majeur.	————		**FA** majeur.	————
LA mineur.	————		**SOL** majeur.	————
CINQ TONS relatifs d'**UT** majeur.			**CINQ TONS** relatifs de **LA** majeur.	

(Observation) En parlant ici des tons relatifs, nous n'avons pas voulu parler des modulations en général, mais simplement faire connaître les premières modulations qui peuvent ôter la monotonie des premières leçons.

On passe d'un ton principal, dans les tons relatifs par la 7e dominante du ton où on veut aller. Exemple.

Le professeur fera faire à l'élève quelques leçons sur les modulations des tons relatifs. Il n'est pas exigible que la leçon passe dans tous les tons relatifs, de même qu'on peut revenir dans un ton où déja on aurait modulé.

ACCORD DE 7me DE SECONDE DU MODE MAJEUR.

L'accord de 7e de seconde du mode majeur est composé de **TIERCE MINEURE, QUINTE JUSTE** et **7e MINEURE.** (A)
il se pose sur la 2de note du ton, et fait sa résolution sur l'accord de 7e de dominante (il faut que la 7e soit préparée) il se chiffre 7 et se nomme accord de 7e avec tierce mineure.

Son premier renversement se pose sur la tierce de l'accord (4e note du ton) il est composé de **TIERCE MAJEURE, 5te JUSTE** et **6te MAJEURE** (B) il se chiffre par $\frac{6}{5}$ on le nomme accord de sixte et quinte.

Son second renversement se pose sur la quinte de l'accord (6e note du ton) il est composé de **3ce MINEURE, 4te JUSTE** et **6te MINEURE** (C)
il se chiffre par $\frac{4}{3}$ et se nomme accord de tierce et quarte.

Son troisième renversement se pose sur la 7e (tonique) il est composé de **2de MAJEURE, 4te JUSTE** et **6te MAJEURE** (D)
il se chiffre par 2 sans croix, on le nomme accord de seconde majeure.

(A) 7	(B) 6/5	(C) 4/3	(D) 2
état direct.	1er renvers:	2e renvers:	3e renvers:

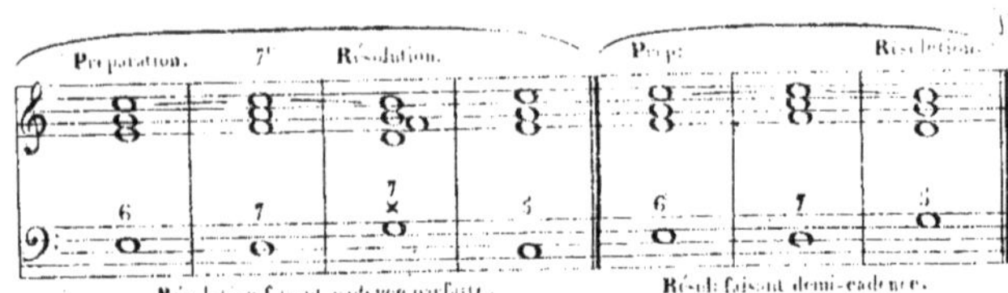

Prép: 7e Résolution. Prép: 7e Résolution.

1er renv: 4e note. 7e de dominante. 1er renv: Résol: 7e dom:

Prép: 7e Résolution.

Résolution par exception de cadence.

Exception.

Prép: 7e Résol:

2e renv: Prép: 7e Résol: 3e renv:

Le 2e renversement s'emploie peu à cause de sa dureté.

LEÇON SUR L'ACCORD DE 7e DE 2de DU MODE MAJEUR.

en Ut.

Autre LEÇON en Sol.

ACCORD DE 7me DE SECONDE DU MODE MINEUR.

L'accord de 7e de seconde du mode mineur, est composé de 3ce MINEURE, 5te DIMINUÉE et 7e MINEURE (A)
il se pose sur la 2de note du ton, et fait sa résolution sur l'accord parfait de la dominante ou sur l'accord de 7e il se chiffre par 7/3

Son premier renversement se compose de 3ce MINEURE, 5te JUSTE et 6te MAJEURE il se pose sur la 3ce de l'accord (4e note du ton) il se chiffre 6/3 (B)

Son second renversement se compose de 3ce MAJEURE, 4te AUGMENTÉE et 6te MAJEURE il se pose sur la quinte de l'accord, il se chiffre ×4/3 (C)

Son troisième renversement se compose de 2de MAJEURE, 4te JUSTE et 6te MINEURE il se pose sur la 7e et se chiffre 4/2 ou 2 (D)

Acc. direct. 1er renv: 2e renv: 3e renv:

(A) 7/3 (B) 6/3 (C) ×4/3 (D) 2

2e note. 4e note. 6e note. tonique.

Pour les résolutions, cet accord est en tout semblable au précédent sauf le mode qui dans l'autre est majeur et dans celui ci mineur, la quinte diminuée fait seule la différence. Cet exemple le fera comprendre.

UT MAJEUR. UT MINEUR.

6 7 7/× 5 6 7/3 7/× 5

LEÇON en LA mineur.

LEÇON SUR LES DEUX ACCORDS DE 7e DE SECONDE.

MODE MAJEUR et MINEUR.

ACCORD DE SEPTIÈME DE SENSIBLE DU MODE MAJEUR.

L'accord de septième de sensible du mode majeur est composé de
TIERCE MINEURE, QUINTE DIMINUÉE, et **SEPTIÈME MINEURE** (1)
il se pose sur la note sensible (7e degré) et fait sa résolution sur l'accord parfait de la tonique (2) (**A**)
il se chiffre par $^{7}_{5}$ on le nomme accord de **7e** mixte (3)

Son premier renversement se compose de 3ce **MINEURE** 5te **PARFAITE,** et 6te **MAJEURE.**
il se pose sur la seconde note du ton, qui doit monter pour éviter les deux quintes
il se chiffre $^{\times 6}_{5}$ et se nomme accord de sixte sensible (4) et quinte (**B**)

Son second renversement se compose de **TIERCE MAJEURE, 4te AUGMENTÉE** et 6te **SENSIBLE.**
il se pose sur la quatrième note du ton, qui doit descendre d'un degré
il se chiffre par $^{+4}_{3}$ et se nomme accord de triton avec tierce majeure (5) (**C**)

Son troisième renversement se compose de **SECONDE MAJEURE, QUARTE JUSTE,** et **SIXTE MINEURE.**
il se pose sur la sixième note du ton et se chiffre **2**

Ce renversement est le seul de l'accord qui soit d'un effet désagréable sans préparation, car dans l'accord direct et ses deux premiers renversements la dissonnance ne se prépare point.

(1). La composition de cet accord est la même que celui de septième de seconde du mode mineur.

(2) Outre sa résolution sur la tonique on peut encore le résoudre sur la septième de dominante.

(3) Le nom de 7e mixte lui vient de son identité avec la 7e de seconde du mode mineur, la différence est donc seulement dans son emploi et sa résolution.

(4) Il ne faut pas confondre cet accord de sixte sensible avec la quinte juste avec le 2e renversement de l'accord de 7e de dominante qui se nomme aussi sixte sensible mais avec 3e et 4e (Voir la page

(5) Même remarque pour le triton et tierce majeure et triton et seconde, troisième renversement de la 7e de dominante.

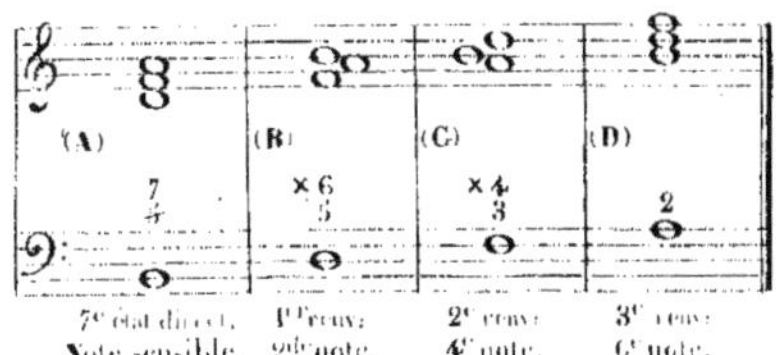

RÉSOLUTIONS DE L'ACCORD DE 7e DE SENSIBLE ET DE SES RENVERSEMENTS.

Effet plus agréable. Mauvaise résolution.

7e état direct. Note sensible. Résolution. Tonique. id: en suppri: la 3ce 1er renv: Résolution. la note de basse doit toujours monter.

2e renv: Résol: 3e renv: Résol: 3e renv: Résol:

Dans les 2e et 3e renversements il faut avoir soin de placer l'intervalle de seconde à distance de 7e autrement l'effet serait trop dur et même mauvais.

LEÇON SUR L'EMPLOI DE L'ACCORD DE 7e DE SENSIBLE.

en UT

N° 2.

Leçon où l'accord de septième mixte est employé alternativement comme septième de sensible du mode majeur et septième de seconde du mode mineur.

(a) 7e de seconde mode mineur état direct.
(b) 1er renversement id:
(c) 2e renversement id:
(d) 3e renversement id:

(aa) 7e de sensible mode majeur état direct.
(bb) 1er renversement id
(cc) 2e renversement id
(dd) 3e renversement id

ACCORD DE SEPTIEME DE SENSIBLE DU MODE MINEUR.

L'accord de 7e de sensible du mode mineur est composé de 3[ce] **MINEURE**, 5te **DIMINUÉE** et 7e **DIMINUÉE**.
il se pose sur la note sensible du mode mineur auquel il est spécialement affecté, et fait sa résolution sur l'accord parfait de la tonique (la 7e ne se prépare point) il se chiffre 7 on le nomme aussi accord de 7[e] diminuée. (A)

Son 1er renversement se compose de 3[ce] **MINEURE**, 5te **DIMINUÉE** et 6te **MAJEURE**.
il se pose sur la 2de note du ton qui doit toujours monter, pour éviter les deux quintes. (1)
il se chiffre ×6/5 et se nomme accord de sixte sensible et quinte diminuée. (B)

Son 2[d] renversement se compose de 3[ce] **MINEURE**, 4te **AUGMENTÉE** et 6te **MAJEURE**.
il se pose sur la 4[e] note du ton, il se chiffre ×4/3 et se nomme accord de triton et tierce mineure. (C)

Son 3[e] renversement se compose de 2de **AUGMENTÉE**, 4te **AUGMENTÉE** et 6te **MAJEURE**.
il se pose sur la 6e note du ton, il se chiffre ×2 ou ×4/×2 et se nomme accord de seconde augmentée. (D)

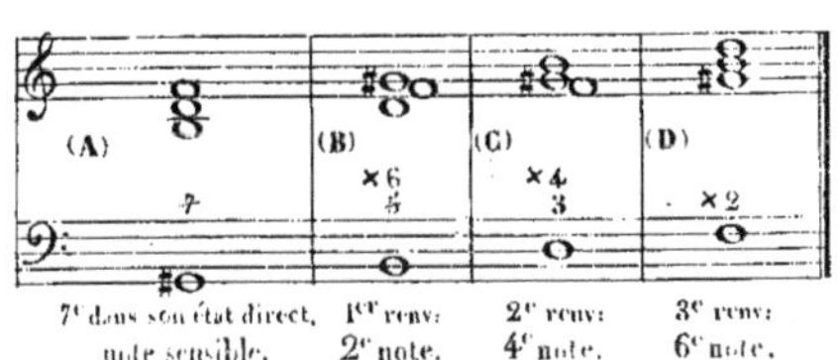

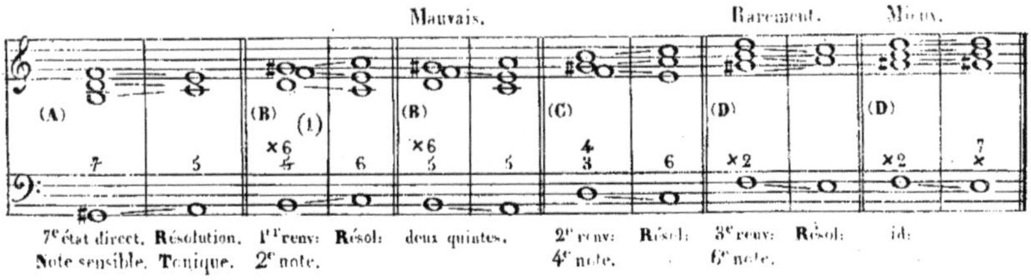

Mauvais. Rarement. Mieux.

(A) 7 5 — (B) (1) ×6/5 6 — (B) ×6/5 5 — (C) 4/3 6 — (D) ×2 — (D) ×2 7/×

7e état direct. Note sensible. Résolution. Tonique. 1er renv: 2e note. Résol: deux quintes. 2e renv: 4e note. Résol: 3e renv: 6e note. Résol: id:

LEÇON sur **L'EMPLOI** de l'accord de **7me** de sensible du mode mineur.

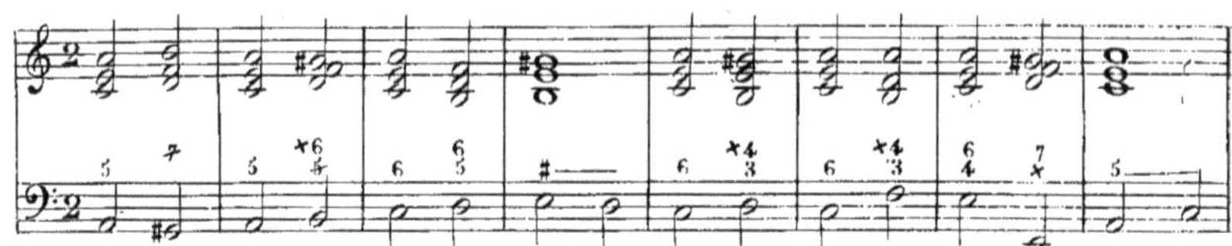

L'accord de 7e de sensible du mode mineur peut aussi faire sa résolution sur la 7e de dominante, on peut aussi dans certains cas suspendre sa résolution, et placer entre l'accord et son renversement suivant, un accord de 6te et 4te.

LEÇON POUR L'EMPLOI DE L'ACCORD DE 7me DE SENSIBLE DU MODE MINEUR.

ACCORD DE SEPTIEME MAJEURE.

L'accord de 7e majeure est composé de 3^ce^ **MAJEURE**, 5te **JUSTE** et 7e **MAJEURE**. il se pose sur la quatrième note du ton majeur ou sur la sixième du ton mineur, dans le premier cas on module du ton majeur dans son relatif mineur. Dans le second cas on est dans le ton. (la septième doit être préparée) sa résolution se fait sur la quinte inférieure diminuée avec l'accord de 7e de seconde du mode mineur celui-ci fait sa résolution sur la dominante du même mode mineur; il se chiffre par **7.** (**A**)

Son 1er renversement est composé de 3^ce^ **MINEURE**, 5te **JUSTE** et 6te **MINEURE**. il se pose sur la 6e note du ton majeur, et sur la tonique mineure, il se chiffre par $\frac{6}{5}$. (**B**)

Son 2e renversement est composé de 3^ce^ **MAJEURE**, 4te **JUSTE** et 6te **MAJEURE**. il se pose sur la tonique du ton majeur, et sur la 3e note du ton mineur, il se chiffre $\frac{4}{3}$ (**C**)

Son 3e renversement se compose de 2de **MINEURE**, 4te **JUSTE** et 6te **MINEURE**. il se pose sur la 3e note du ton majeur, ou sur la 5e note du ton mineur, il se chiffre **2** ou $\frac{4}{2}$ (**D**).

ACCORD DE 7me MAJEURE DANS SON ÉTAT DIRECT ET SES RENVERSEMENTS, AVEC LEURS RÉSOLUTIONS

dans le mode majeur.

2e renv: Tonique. Résolution. Modulation.

3e renv: 3e note. Résolution. Modulation.

La septième majeure étant la même dans les deux modes l'accord qui forme la préparation détermine seule la tonalité majeure ou mineure.

EXEMPLES dans le mode mineur.

7e état direct 6e note. Résol: 1er renv: Tonique Résol: 2e renv: 3e note Résol: 3e renv: 5e note Résol:

LEÇON POUR L'EMPLOI DE LA 7me MAJEURE DANS LE MODE MAJEUR.

LEÇON POUR L'EMPLOI DE L'ACCORD DE 7me MAJEURE DANS LE MODE MINEUR.

MARCHE DE SEPTIÈMES.

Cette marche s'emploie ordinairement sans sortir du ton, on peut la commencer par une 7e quelconque qui doit être préparée, quand on commence par une 7e de dominante la préparation est inutile.

Cette marche doit toujours être terminée par une 7e de dominante, dans cette marche toutes les parties descendent d'une seconde excepté la basse quand les septièmes sont dans leur état direct, (Voyez les exemples A B C D E) parcequ'elles marchent par quintes inférieures ou quartes supérieures, on peut aussi faire cette marche avec des accords parfaits seulement, ou en alternant ceux ci avec les 7mes (Voyez exemples F G H I K)

A 3 Parties. A 4 Parties. A 5 Parties.

(A)

RENVERSEMENTS DE LA MARCHE DE 7mes

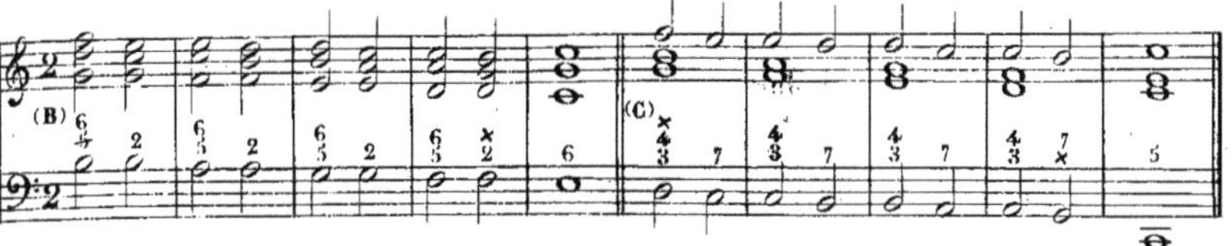

NOTA. On remarquera que ces 7mes operent mutuellement leur préparation et leur résolution

MARCHE PAR ACCORDS PARFAITS.

ACCORDS PARFAITS et 7mes ALTERNÉS.

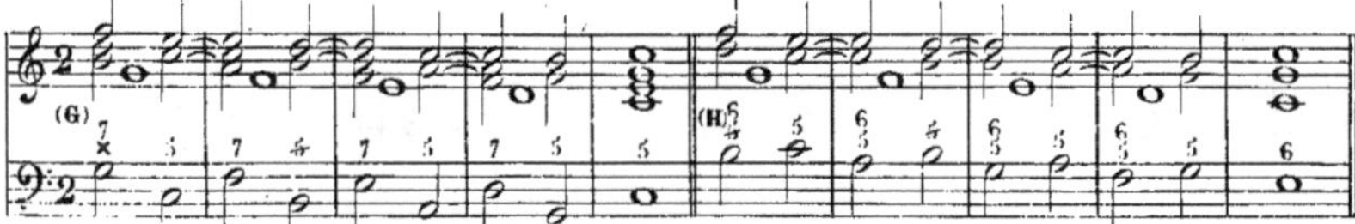

Remarque. Les exemple C et E sont moins usités a cause des quartes fréquentes que cette marche amène, et qui sont d'un effet peu agréable.

On peut aussi faire une succession de quatre ou cinq 7e de dominante sur la progression de quintes inférieures, dans ce cas la 3ce de l'accord (note sensible) au lieu de monter, descend d'un demi-ton, deux parties descendent diatoniquement et deux descendent chromatiquement (Voyez les exemples suivants)

On ne peut pas abuser de l'emploi de la succession par quintes inférieures avec la 7e de dominante par ce que l'on serait entraîné dans trop de modulations, du reste l'effet est plus agréable avec des accords parfaits alternés.

LEÇONS POUR EMPLOYER LES MARCHES DE 7me ou d'accords parfaits.

Nº 2. LA MIN:

ACCORD DE NEUVIEME MAJEURE DE DOMINANTE.

L'accord de neuvième majeure de dominante est composé de 3[ce] **MAJEURE**, 5te **JUSTE** 7e **MINEURE** et 9e **MAJEURE**.

Il se pose sur la dominante du ton majeur et fait sa résolution sur la tonique, (1) il s'emploie sans préparation; la septième et la neuvième doivent descendre d'un degré, soit en même temps (2) ou l'un après l'autre (3) la neuvième se place toujours a la partie supérieure (4) son effet est moins dùr en supprimant la quinte (5) il se chiffre par $\frac{9}{7}$ +

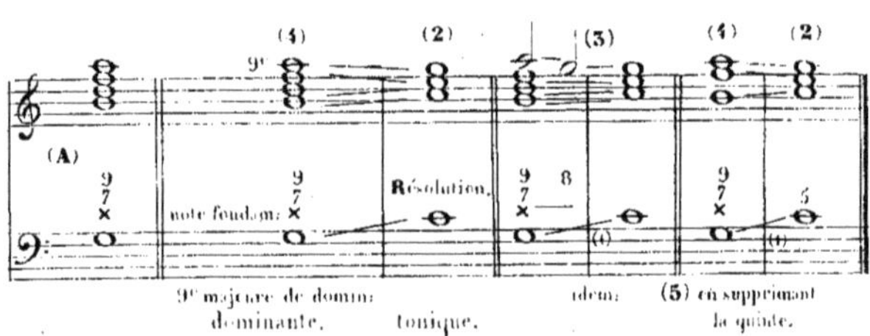

On fait peu d'usage des renversements de cet accord, cependant quelques auteurs en donnent l'emploi en supprimant la fondamentale (Sol) ils se renversent alors de trois manières (Voyez **B C D**)

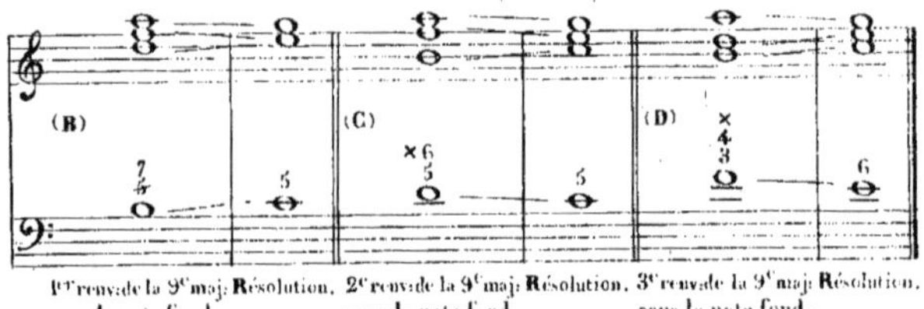

On remarquera que la fondamentale supprimée, ces trois renvements forment l'accord de septième de sensible du mode majeur.

ACCORD DE NEUVIÈME MINEURE DE DOMINANTE.

L'accord de neuvième mineure de dominante est composé de 3ce MAJEURE, 5te JUSTE, 7e MINEURE et NEUVIEME MINEURE.

Il se pose sur la dominante du ton mineur et fait sa résolution sur la tonique (1) (E) (Voyez pour le reste la neuvième majeure)

En supprimant la fondamentale de cet accord pour le renverser, on obtient l'accord de 7e de sensible du mode mineur, connu sous le nom de 7e diminuée (Voyez plus haut page 27)

L'accord de 7e diminuée ou de 7e de sensible mineure s'emploie aussi par exception sur d'autres degrés que ceux que nous avons indiqués dans la composition de cet accord, par exemple dans le cas de demi cadence ou repos, ou dans celui de cadence parfaite on peut le placer sur la quatrième note des deux modes qui doit être pour cela, haussée d'un demi-ton et prendre la dénomination de note sensible de la dominante. (Voyez A B)

On peut aussi faire une suite de trois ou quatre accords de 7e diminuées, soit en montant soit en descendant; toutes les parties marchent alors par demi-tons, cette suite d'accords peut s'employer dans les deux modes, maj: et min: puisque le genre chrom: appartient à tous deux.

ACCORD DE SIXTE AUGMENTÉE.

L'accord de sixte augmentée est composé de 3ce **MAJEURE**, 5te **JUSTE** et 6te **AUGMENTÉE**. il se pose sur la 6e note du mode mineur, et fait sa résolution sur l'accord parfait majeur de la dominante formant demi cadence (1) et sur la $\frac{6}{4}$ formant cadence parfaite (2) il se chiffre $\frac{6}{5}$ la sixte 6 précédé d'un ♯ ou d'un ♮ suivant la tonalité (A)

Son premier renversement est composé de 3ce **MINEURE**, 4te **AUGMENTÉE** et 6te **MINEURE**. il se pose sur la tonique et fait sa résolution sur le premier renversement de l'accord parfait majeur de la dominante (B)

Le second et le troisième renversement ne sont pas praticables.

EXEMPLES en **LA** mode mineur.

N° 1. N° 2. N° 3. N° 4.

Acc: de 6te aug: 6e note. Résol: demi-cad: en supprimant la quinte. Acc: de 6te aug: Résolution faisant cad: parf: 1er renv: tonique. demi-cad:

Dans le N° 1. les deux quintes $\frac{\text{UT}}{\text{FA}}$ $\frac{\text{SI}}{\text{MI}}$ sont tolérées pourvu qu'elles soient placées dans les parties intermédiaires, pour les éviter on peut suivre le N° 2, supprimer la quinte, et doubler la tierce ces deux quintes sont aussi dans le 1er renversement on ne peut les éviter qu'en mettant l'**UT** a la tierce du **LA** de la Basse, mais il faut toujours que le **RÉ** ♯ soit a distance de la. 6te augmentée.

L'accord de 6te augmentée peut encore s'employer a l'état direct avec la 4te augmentée (ou tritou) sa résolution est la même que dans les exemples précédents (C)

Acc: de 6te aug: avec 4te aug: Résol: demi-cad: Acc: de 6te aug: avec 4te aug: Résol: cad: parf:

L'accord de 6te augmenté avec la 5te juste peut être suivi de la 4te dans les deux cas précédents (a) le contraire peut aussi se faire dans la cadence parfaite seulement. (b)

EXEMPLES en **LA** mode mineur.

On l'emploie aussi dans le mode majeur (par licence) sur la sixième note de ce mode qui doit pour cela être baissée d'un demi-ton, mêmes résolutions que dans le mode mineur.

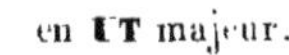

IL.

TABLEAU DES DOUZE ACCORDS.

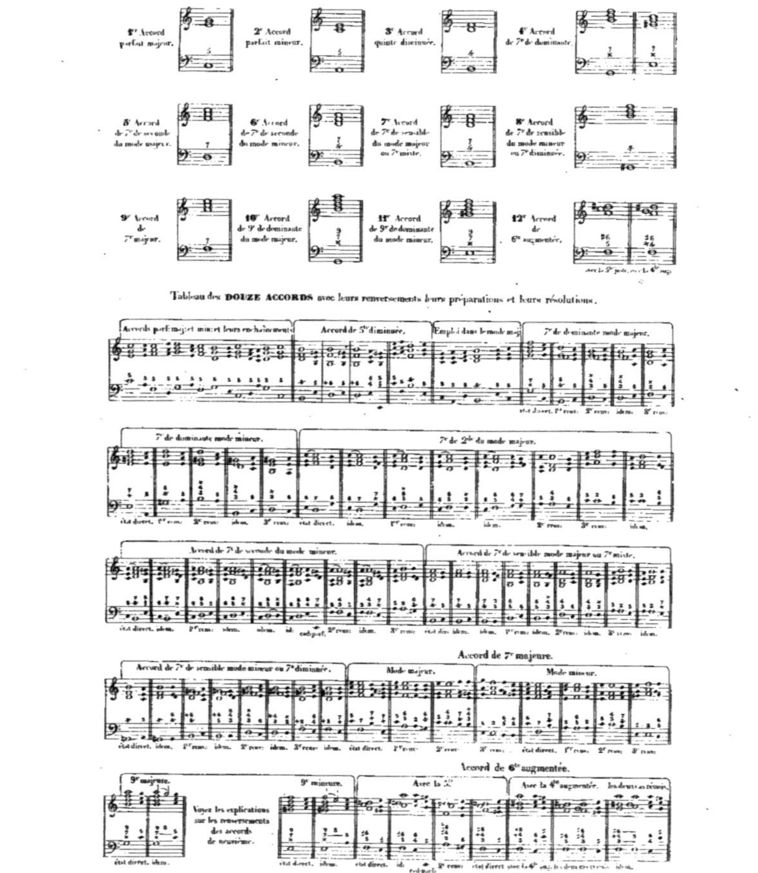

DE L'ALTÉRATION DE QUELQUES ACCORDS.

Outre l'accord altéré de 6te augmentée, on peut encore altérer certains intervalles, dans quelques uns des accords que nous avons déjà indiqués et pratiqués précédemment. Ces altérations ne sont que passagères et ne constituent point de modulation. Par exemple

Si le **RÉ** est suivi de **MI** on peut après avoir fait le **RÉ** naturel passer par le **RÉ** # pour aller au **MI**

Si le **RÉ** descend a l'**UT** on met un bémol

On peut altérer en montant la quinte de l'accord parfait majeur de la tonique (1) et de la dominante (2) dans leur état direct, ainsi que dans leurs premier et second renversements; ce qui donne un accord de quinte augmentée, qui doit se résoudre a la 5te inférieure ou a la 4te supérieure.

EXEMPLES en UT mode majeur.

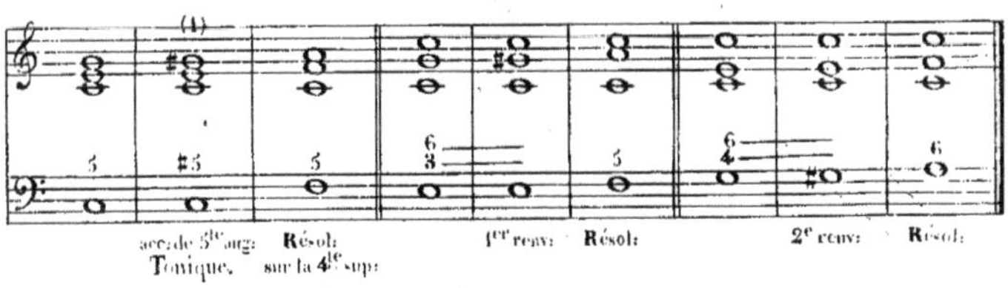

(1)

accd de 5te aug: Tonique. Résol: sur la 4te sup: 1er renv: Résol: 2e renv: Résol:

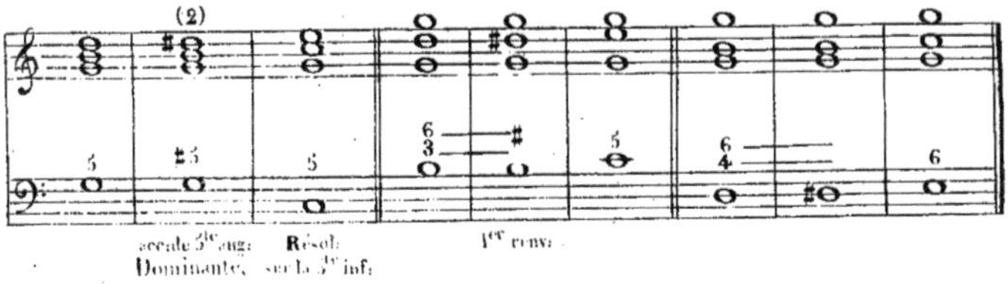

(2)

accd de 5te aug: Dominante. Résol: sur la 5te inf: 1er renv:

On peut aussi altérer l'accord parfait majeur dans sa fondamentale en montant alors l'accord devient diminué.

On peut altérer, en montant et en descendant, la quinte de l'accord de septième de dominante, dans son état direct, ainsi que dans les trois renversements (dans le mode majeur seulement)

EXEMPLES en UT majeur altération de la quinte en montant.

(*)

7e de dom: dans l'état direct. Résol: 1er renv: Résol: 2e renv: Résol: 3e renv: Résol:

EXEMPLES en UT majeur altération de la quinte en descendant.

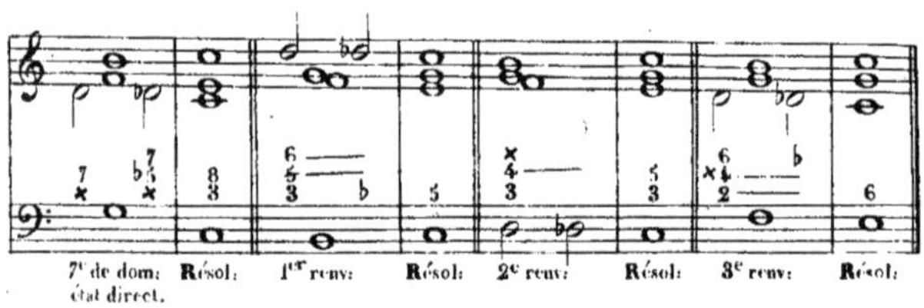

7e de dom: état direct. Résol: 1er renv: Résol: 2e renv: Résol: 3e renv: Résol:

(*) Il faut avoir soin de mettre à distance de sixte augmentée l'intervalle de tierce diminuée produit par l'altération.

L'accord de septième de dominante avec l'altération de la quinte en descendant est très dur, il est supportable dans le second renversement parcequ'il donne l'accord de sixte augmentée avec quarte augmentée; cependant, cet accord est d'un meilleur effet employé sur la 6e note du mode mineur avec sa résolution faisant repos ou demi cadence sur la dominante de ce mode, ainsi que sur la 6e note du mode majeur, baissée pour cet effet d'un demi-ton. (Voyez pages 39)

LEÇON POUR EMPLOYER TOUS LES PRINCIPAUX EXEMPLES DONNÉS PRÉCÉDEMMENT Y COMPRIS LES ACCORDS DE 9mes

(1) Nous indiquons sous la basse les changemens de tons comme nous l'avons fait aux leçons pour les tons relatifs, afin que l'élève puisse reconnaître plus facilement l'emploi des exemples pour lesquels cette leçon est faite il devra la pratiquer avec soin et long-temps.

MI min
UT.
RÉ min:
SOL.
UT.
RÉ min:
SOL.
RÉ min:
UT.
SOL.
LA min:
UT.
LA min:
RÉ.
SOL.
UT.
FA.
RÉ min:
UT.
FA.
UT.
RÉ min:
LA min:
UT.

DES NOTES ACCIDENTELLES OU NOTES QUI NE COMPTENT PAS DANS LES ACCORDS.

Les notes accidentelles se divisent.

1º en **NOTES DE PASSAGE.**
2º en **NOTES DE GOUT.**
3º en **NOTES SYNCOPÉES.**
4º en **NOTES PROLONGÉES** ou **SUSPENSIONS.**
5º en **PEDALES.**
6º en **NOTES ANTICIPEES.**

DES NOTES DE PASSAGE.

Les notes de passage se lient avec les notes réelles par degrés conjoints; elles forment entre-elles des gammes ou des fragments de gammes.

Elles s'emploient au temps faible de la mesure, ou a la partie faible du temps, cette règle n'est pourtant pas sans exception, surtout dans la musique de piano, qui est d'un style plus libre, elles doivent remplir un intervalle de tierce, de quarte, de quinte &

La règle qui défend deux quartes, deux quintes, et deux octaves de suite par le même mouvement est applicable aux notes de passage.

EXEMPLE des notes de passage au chant et a la basse, nous les marquons d'une (Croix ×)

EXEMPLE des notes de passage a la basse.

(*) Lorsqu'on fait un saut de plus d'une seconde, il doit être de deux notes réelles.

EXEMPLE de notes de passagé au chant.

Notes de passage a la Basse.

EXEMPLE ou les notes de passage procèdent avec des fautes.

Les fautes de cet exemple sont: (a) deux quintes directes de la basse avec la premiere partie (b) deux octaves directes de la basse avec la seconde partie (c) un saut de quarte d'une note réelle à une note de passage &. Il suffit de bien examiner le reste de l'exemple pour reconnaître les autres fautes.

HARMONIE sans notes de passage. La même avec note de passage.

La même avec d'autres notes de passage a la basse.

Même **HARMONIE** autre exemple.

Même **HARMONIE** ou les notes de passage ne procèdent pas d'après les règles indiquées.

Autre **EXEMPLE** sur les notes de passage.

LES NOTES DE GOUT

(Appogiatures).

Les notes de goût s'écrivent de deux manières,

1° en petites notes. 2° en notes ordinaires.

Lorsqu'elles sont employées au dessus des notes réelles, elles peuvent descendre d'un ton, ou d'un demi ton mais si elles sont prises en montant ce ne peut être que d'un demi-ton, dans ce cas elles font presque toujours l'effet d'une note sensible accidentelle.

EXEMPLES.

La même Mélodie sans notes de goût.

On voit que les notes de goût ornent beaucoup la mélodie, elles peuvent se frapper simultanément avec les accords, on peut même aussi leur donner une valeur très longue.

Dans l'accompagnement on emploie rarement les notes de goût. Si on veut s'en servir on doit leur donner une valeur très brève, il y a exception quand le chant domine a la Basse.

EXEMPLE 1. EXEMPLE 2. EXEMPLE 3. EXEMPLE 4.

(Nota) Il faut généralement éviter de doubler la note de basse ornée par une note goût.

DES NOTES SYNCOPÉES.

Les notes syncopées ne sont qu'un court retard des notes réelles, des notes de passage, ou des notes de goût.

EXEMPLE de notes réelles pour être syncopées. Notes réelles syncopées.

EXEMPLE de notes de passage pour être syncopées. Notes de passage syncopées.

EXEMPLE de notes de goût pour être syncopées. Notes de goût syncopées.

DES NOTES PROLONGÉES, SUSPENSIONS OU RETARDEMENTS.

La note d'un accord, prolongée sur un autre accord, suspend ou retarde une des notes de ce second accord, et y introduit ainsi une dissonance artificielle.

Ces suspensions peuvent avoir lieu d'un accord consonnant a un autre accord consonnant et d'un accord consonnant a un dissonnant, et le contraire.

Ces accords artificiels que nous appellerons accords par prolongations, ou par suspensions, ne sont pas compris dans les douze accords connus et pratiqués précédemment.

Ces accords artificiels doivent être précédes d'une préparation et suivi d'une résolution; deux accords suffisent, le premier pour la préparation, le second pour la suspension et la résolution.

1º DE LA PRÉPARATION.

La préparation est **NOTE RÉELLE** elle doit avoir au moins la valeur de la suspension, elle peut aussi être plus longue.

Cependant dans la mesure a trois temps, une croche peut préparer une noire, une noire peut préparer une blanche, &.

2º DE LA SUSPENSION.

La suspension est **NOTE ACCIDENTELLE**, elle se frappe sur les temps forts de la mesure, on peut l'employer dans toutes les parties, et plus rarement a la basse.

3º DE LA RÉSOLUTION.

La résolution se fait sur les temps faibles, a moins que la note qui fait la suspension ne tienne toute la mesure.

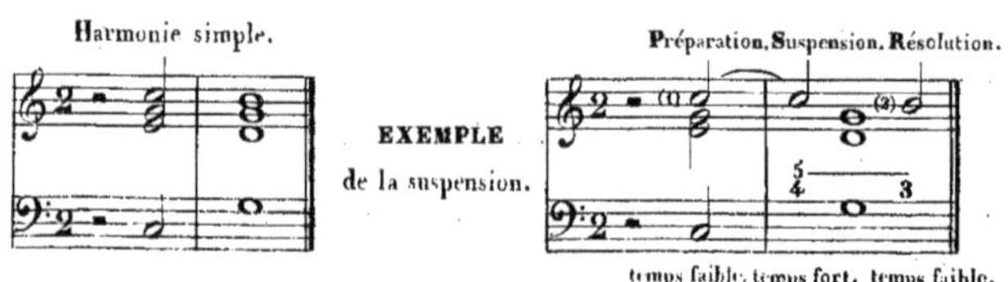

On remarque dans cet exemple que la note **UT**[1] qui fait la préparation se prolonge sur l'accord parfait suivant, **SOL, SI, RÉ**, et retarde l'audition du **SI**[2], tierce de cet accord, ainsi la note **UT**, ne fait que remplacer momentanément la note **SI**, sur la quelle elle se résout.

Les intervalles que l'on suspend le plus généralement, sont: dans les accords parfaits, la **TIERCE**, et la **NOTE FONDAMENTALE** ou son **OCTAVE**, dans les accords de septièmes, la **TIERCE** et quelques fois aussi la **NOTE FONDAMENTALE**, dans l'accord de sixte augmentée la **SIXTE AUGMENTÉE**.

Ces suspensions donnent les retards suivants.

1° Dans les parties supérieures contre la basse
la **QUARTE** retardant la **TIERCE**, la **SEPTIÈME** retardant la **SIXTE**, la **NEUVIÈME** retardant l'**OCTAVE**.

2° A la basse contre les parties supérieures.
la **SECONDE** retardant la **TIERCE**, et la **NOTE FONDAMENTALE**. (*)

EXEMPLES de suspensions ou retards dans toutes les parties

Suspension ou retard de la 3ce dans le passage d'un accord consonnant a un accord consonnant.

Harmonie simple. Prolongation.

Suspension ou retard de la tierce passage d'un accord dissonnant a un accord consonnant.

Harmonie simple.

Suspension ou retard de la tierce passage d'un accord consonnant a un accord dissonnant.

(*) Dans ce cas exceptionel, la note suspendue ne doit jamais être doublée dans une partie supérieure.

Suspension ou retard du son fondamental ou de son octave passage d'un acc: consonnant a un acc: consonnant.

Suspension ou retard du son fondamental ou de son octave passage d'un acc: dissonnant a un acc: consonnant.

Harmonie simple.

Suspension ou retard du son fondamental ou de son octave passage d'un acc: consonnant a un acc: dissonnant.

Harmonie simple.

Suspension ou retard de la sixte augmentée dans l'accord de ce nom avec la quinte juste.

Harmonie simple.

Suspension ou retard de la sixte augmentée dans l'accord de ce nom avec la quarte augmentée.

Ayant suffisamment pratiqué ces exemples, on observera que la suspension de la tierce, du son fondamental ou de son octave, ne peuvent s'obtenir dans les accords parfaits qu'avec les mouvements suivants de la basse, 1° de seconde supérieure, 2° de seconde inférieure, 3° de quinte supérieure ou quarte inférieure, pour la suspension de la tierce.

1° de seconde supérieure, 2° de quarte supérieure ou quinte inférieure, pour la suspension du son fondamental, ou de son octave.

EXEMPLE des différents mouvements de la Basse pour obtenir des suspensions.

Retard de la tierce par la quarte.
idem:
Retard de l'octave par la 9e
Retard de la tierce par la seconde.
Mouvt de 2de sup:
idem: par renvers:
idem: idem:
idem: idem:

Retard de la tierce par la quarte.
Retard de la tierce par la seconde.
Retard de la tierce par la quarte.
idem:
idem:
Retard de la tierce par la seconde.
Mouvt de 2de inf:
idem: par renvers:
Mouvt de 5te sup:
idem: par renvers:
idem: idem:
idem: idem:

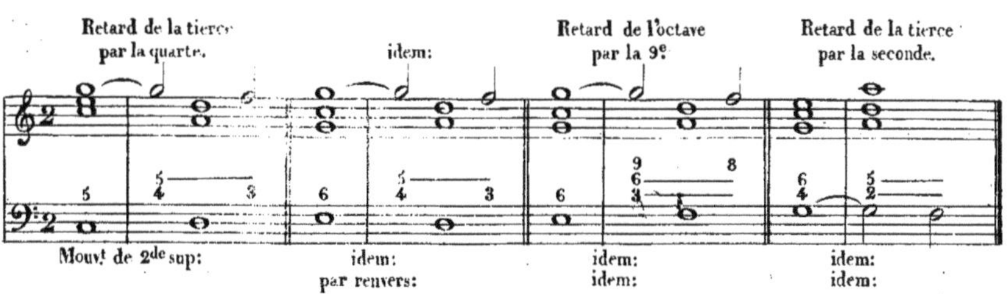

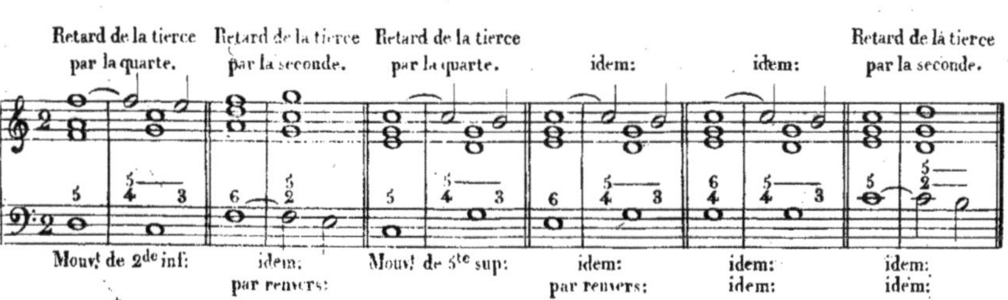

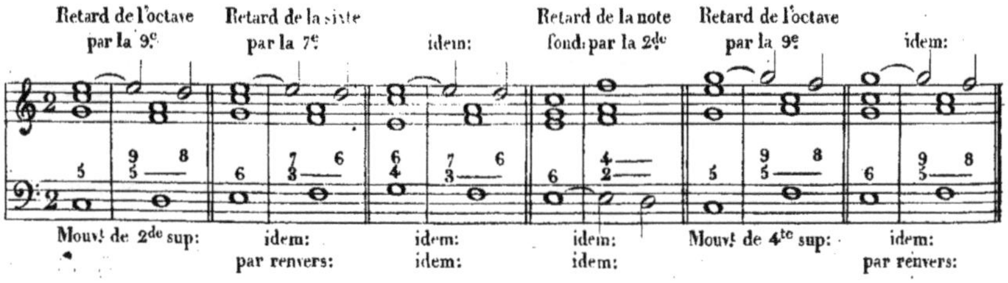
Retard de l'octave par la 9e
Retard de la sixte par la 7e
idem:
Retard de la note fond: par la 2de
Retard de l'octave par la 9e
idem:
Mouvt de 2de sup:
idem: par renvers:
idem: idem:
idem: idem:
Mouvt de 4te sup:
idem: par renvers:

LEÇONS sur les suspensions dans les accords parfaits.

Comme nous l'avons dit plus haut, deux accords suffisent pour employer une suspension, mais on peut aussi en employer trois dont l'un pour la préparation, le second pour la suspension, le troisième pour la résolution.

EXEMPLES de suspensions avec trois accords.

Pour abréger nous ne joindrons pas a ces exemples l'harmonie simple l'élève y suppléera en relisant attentivement les exemples précédents.

On emploie rarement les suspensions dans la Basse avec trois accords différents voici quelques exemples.

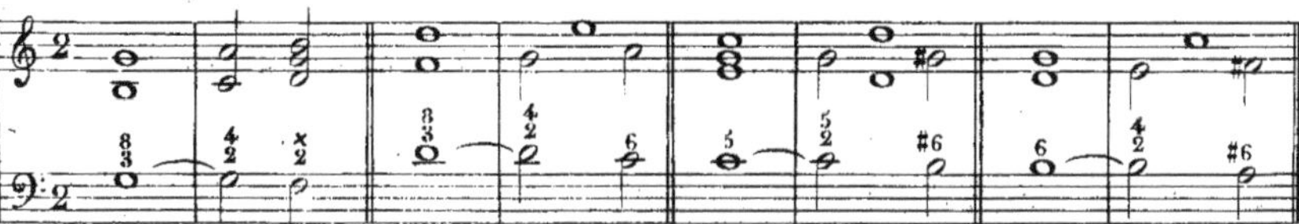

Non seulement on peut suspendre une note d'un accord, comme dans les exemples précédents nous l'avons démontré, mais on peut aussi en suspendre deux.

La double suspension se fait en sixte ou en tierce, on peut résoudre les deux parties en même temps ou l'une après l'autre.

Harmonie simple.

Il est mieux de résoudre la partie inférieure en premier dans la suspension en sixte, et le contraire dans celle en tierce, cependant ces cas se pratiquent autant l'un que l'autre.

Après les exemples de double suspension que nous venons de donner on comprendra facilement ce que nous allons joindre ici.

L'accord de 7me de dominante dans les deux modes ainsi que les deux accords de neuvième peuvent se prolonger sur l'accord parfait de la tonique.

EXEMPLES.

Nous aurions pu entrer dans beaucoup de détails sur ces prolongations mais l'abrégé de cet ouvrage ne nous le permet pas nous l'avons donc expliqué le plus simplement possible.

En accompagnant les suspensions avec des notes de passage il faut observer qu'elles ne peuvent se pratiquer qu'entre la préparation et la suspension ainsi qu'entre la suspension et la résolution.

Même Basse sans notes de passages.

DE LA PEDALE.

La pédale est une tenue sur la note la plus grave de l'harmonie, et sur la quelle on peut employer plusieurs accords différents, la note tenue se trouve par conséquent tantôt comme note réelle, tantôt comme note accidentelle.

On ne peut employer comme pédale que la **TONIQUE** et la **DOMINANTE**, il n'y a rien de déterminé quant a sa durée il faut seulement que la note pédale soit fondamentale de l'accord qui commence la tenue et de celui qui la finit.

La pédale ne doit pas être traitée comme basse, la véritable basse dans ce cas est la note la plus grave des accords placés au dessus d'elle. Assez souvent on ne la chiffre pas et l'on écrit au dessus **TASTO SOLO** qui signifie **TOUCHE SEULE**. Dans ce cas l'accompagnateur emploie l'harmonie qu'il juge la plus convenable.

EXEMPLE.

Pedale sur la tonique.

Une erreur assez commune c'est de considérer comme pédales intérieures ou supérieures, des notes tenues pendant plusieurs mesures, dans d'autres parties de la Basse.

Ces notes dérivent des notes de passage, ou de notes communes a plusieurs accords qui peuvent se succeder.

DE L'ANTICIPATION.

L'anticipation est une note accidentelle dont on fait peu d'usage, nous en donnerons cependant quelques exemples, l'anticipation ne doit avoir qu'une valeur très brève, et peut être d'une seule note ou de tout un accord, il faut qu'elle soit **NOTE RÉELLE** de l'accord qui la suit.

DES CADENCES.

Nous avons déjà donné (page 11) un simple exposé des cadences, nous allons étendre un peu plus les définitions a ce sujet. Nous avons désigné trois espèces de cadences.

1º La **CADENCE PARFAITE**, 2º la **CADENCE IMPARFAITE** ou demi-cadence 3º la **CADENCE ROMPUE** ou évitée

La cadence parfaite est celle qui termine entièrement toute espèce de morceau de musique ou les différentes phrases dont un morceau se compose.

EXEMPLES de la cadence parfaite mode majeur.

Cad: parfaite simple. Cad: parfaite composée. idem:

EXEMPLES mode mineur.

Cad: parfaite simple.

La cadence imparfaite ou demi cadence est un repos momentané sur la dominante (portant l'accord parfait) on peut y arriver par la tonique, la 4e ou la 6e note.

EXEMPLES de la cadence imparfaite, mode majeur.

EXEMPLES de la cadence imparfaite, mode mineur.

La cadence rompue ou évitée consiste a interrompre la phrase musicacale dans le moment ou on la croit sur le point de terminer.

Nous ne donnerons que quelques exemples que nous prendrons de l'accord de la dominante, a celui qui interromp le sens final. En dernier lieu l'enchaînement de la phrase après la cadence rompue.

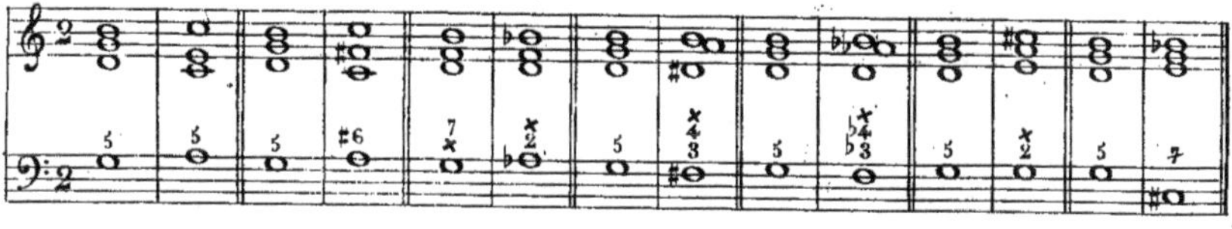

Cette cadence est un des principaux moyens usité pour les modulations éloignées du ton principal.

EXEMPLES de la cadence rompue. Mode mineur.

Il y a encore une cadence a la tonique, mais peu usitée, si ce n'est dans la musique religieuse, cette cadence est la résolution de la sous-dominante a la tonique: on la nomme **CADENCE PLAGALE.** Elle ne termine pas le sens musical, aussi bien que la cadence parfaite, malgré cela elle est cadence finale, puisque sa résolution est sur la tonique.

EXEMPLES de la cadence Plagale.

Mode majeur. — Mode mineur. — Elle est d'un effet meilleur a 3 Parties.

EXEMPLE ou toutes les cadences sont employées.

DES MODULATIONS.

Un morceau de musique doit commencer et finir dans le même ton (*) lorsque ce ton est suffisamment établi; il faut pour éviter la monotonie passer successivement dans d'autres tons. C'est ce qu'on appelle moduler.

Moduler est donc l'art de lier, d'enchaîner entr'eux plusieurs tons, les uns proches du ton principal, tels que les tons relatifs (déjà pratiqués pages 18) les autres éloignés mais sans cependant abuser de ces modulations trop brusques, qui souvent ne font qu'affecter l'oreille d'une manière désagreable.

EXEMPLES de Modulations d'un ton principal a ses relatifs.

(*) Excepté le cas dans le quel un morceau commence: par exemple en LA, mode mineur et finit en LA mode majeur &.

Les modulations dans les tons relatifs se font assez généralement avec l'accord de septième de dominante; (principalement ses renversements) d'ailleurs il est facile de s'en rendre compte après avoir pratiqué avec attention les dix exemples précédents.

Il faut observer que si l'on peut moduler pendant un morceau du ton principal ou primitif dans chacun de ses relatifs l'on peut aussi moduler d'un ton relatif dans un des autres tons relatifs.

En général les modulations les plus simples, les plus agréables à l'oreille se font, 1° à la quinte supérieure (la dominante) 2° à la quinte inférieure (la soudominante) les autres ne se font ordinairement qu'après ces deux précédentes.

EXEMPLE de la marche que suivent ordinairement les premières modulations.

OBSERVATION. Lorsqu'un morceau est dans un ton principal de mode mineur sa première modulation doit être dans son relatif majeur, les modulations suivantes sont à peu près à la volonté du compositeur et selon le genre du morceau.

Quand aux autres modulations celles éloignées du ton primitif, elles se font soit avec la septième diminuée soit avec la sixte augmentée ainsi qu'avec les transitions enharmoniques qui se pratiquent si facilement sur le Piano; mais dont il faut se garder d'abuser surtout dans des compositions de peu d'étendue. D'ailleurs les règles sont insuffisantes pour prescrire ces modulations. L'oreille, le bon goût, le génie, peuvent seuls présider à cette partie importante de l'harmonie.

N.ta Avant de donner les exemples d'une partie des différentes modulations que l'on pratique assez généralement nous en donnerons quelques uns sur les transitions enharmoniques.

TRANSITIONS ENHARMONIQUES.

On emploie trois accords pour l'enharmonie. Ces trois accords sont:

1° L'accord de **SEPTIÈME** de **DOMINANTE**. 2° L'accord de **SIXTE AUGMENTÉE**. 3° L'accord de **SEPTIÈME DIMINUÉE**.

La septième de dominante peut représenter la sixte augmentée (A)

La sixte augmentée peut représenter la septième de dominante (B)

La septième diminuée peut représenter trois autres septièmes diminuées (C)

EXEMPLES.

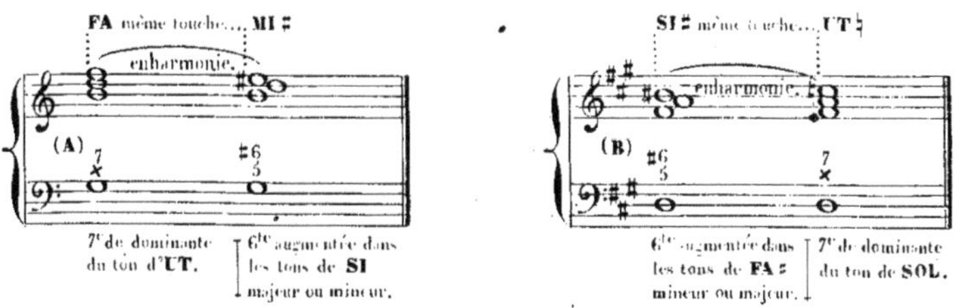

MODULATION du ton d'**UT** majeur dans celui de **SI** mineur au moyen de la transition enharmonique de l'exemple (**A**)

MODULATION du ton de **FA ♯** mineur dans celui de **SOL** majeur au moyen de l'exemple (**B**)

MODULATIONS d'après l'exemple (**C**)

Il faut remarquer que ces transitions enharmoniques ne doivent point s'employer si près l'une de l'autre; il ne faut même en faire usage qu'avec modération et encore très rarement à moins que ce ne soit en préludant sur le Piano, ce qui est de beaucoup moins d'importance que dans une composition écrite.

EXEMPLES de modulations partant du ton d'**UT** majeur pour passer dans tous les tons majeurs et mineurs.

d'**UT** majeur en **RÉ** majeur.

d'**UT** majeur en **RÉ** mineur.

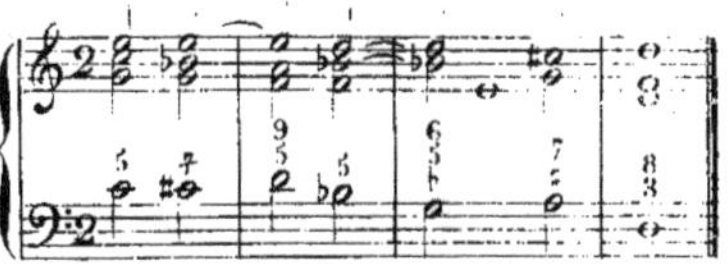

d'**UT** majeur en **MI** majeur.

d'**UT** majeur en **MI** mineur.

d'**UT** majeur en **FA** majeur.

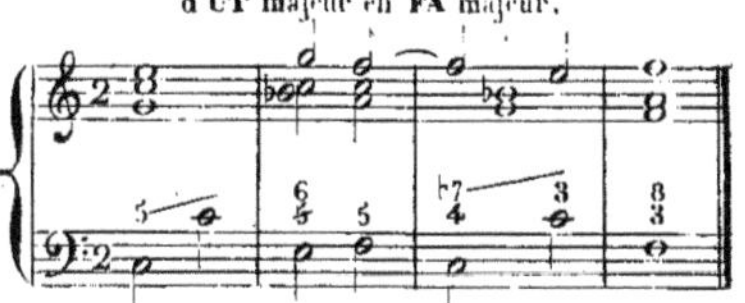

d'**UT** majeur en **FA** mineur.

d'**UT** majeur en **SOL** majeur.

d'**UT** majeur en **SOL** mineur.

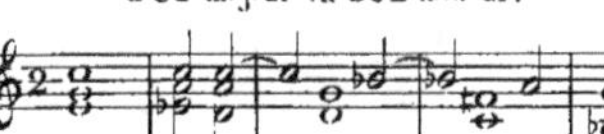

d'**UT** majeur en **LA** majeur.

d'**UT** majeur en **LA** mineur.

d'UT majeur en SI majeur.

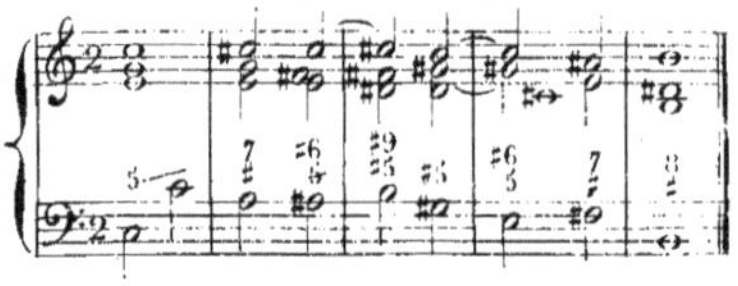

d'UT majeur en SI mineur.

d'UT majeur en SI ♭ majeur.

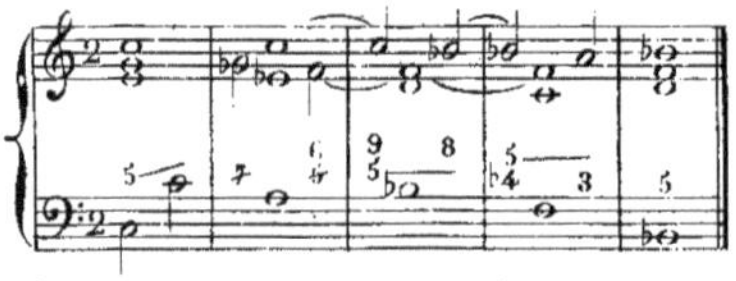

d'UT majeur en SI ♭ mineur.

d'UT majeur en LA ♭ majeur.

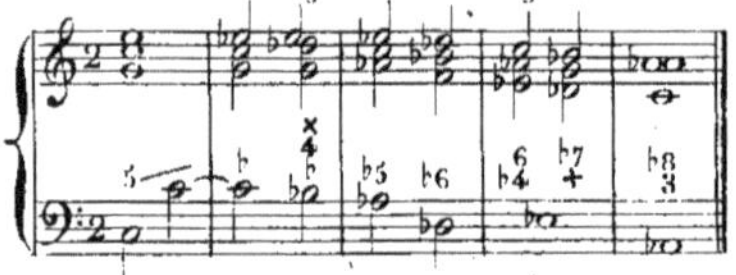

d'UT majeur en LA ♭ mineur.

d'UT majeur en FA ♯ majeur.

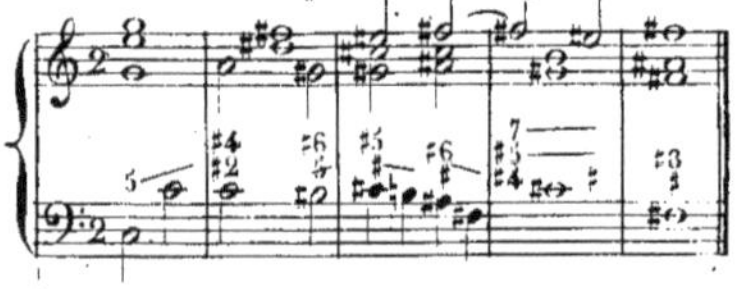

d'UT majeur en FA ♯ mineur.

d'UT majeur en MI ♭ majeur.

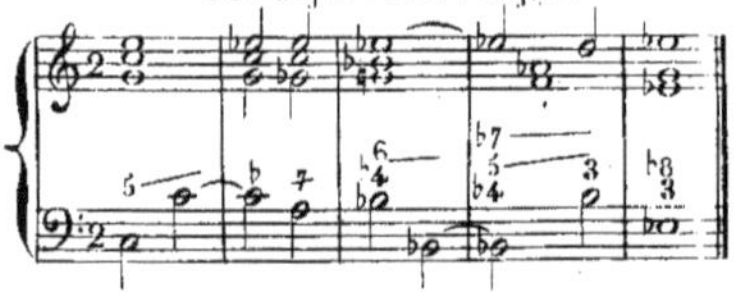

d'UT majeur en MI ♭ mineur.

d'UT majeur en UT ♯ majeur.

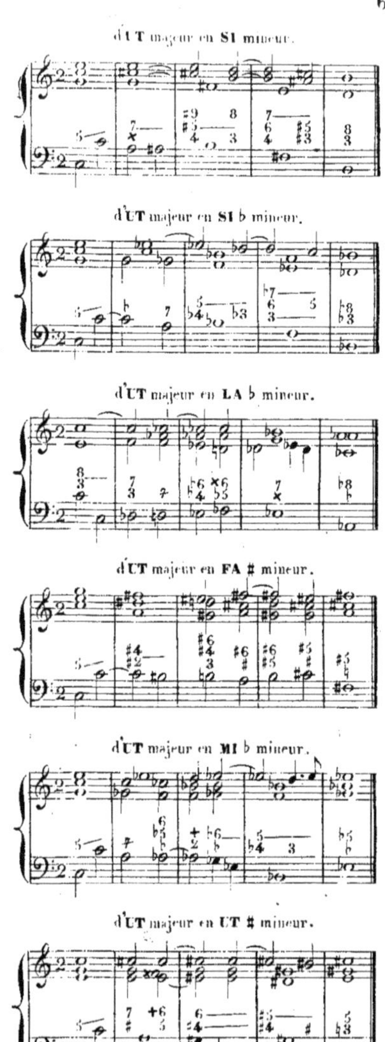

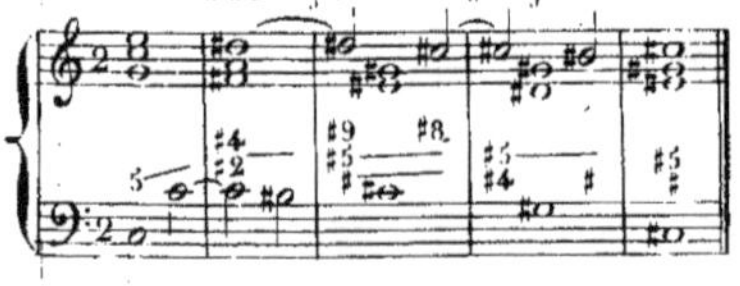

d'UT majeur en UT ♯ mineur.

EXEMPLES de modulations partant du ton d'**UT** mineur pour passer dans tous les tons mineurs

d'**UT** Mineur en **UT** ♯ Mineur.

d'**UT** Mineur en **RE** Mineur.

d'**UT** Mineur en **MI** ♭ Mineur.

d'**UT** Mineur en **MI** Mineur.

d'**UT** Mineur en **FA** Mineur.

d'**UT** Mineur en **FA** ♯ Mineur.

d'**UT** Mineur en **SOL** Mineur.

d'**UT** Mineur en **LA** ♭ Mineur.

d'**UT** Mineur en **LA** Mineur.

d'**UT** Mineur en **SI** ♭ Mineur.

d'**UT** Mineur en **SI** Mineur.

EXEMPLES de modulations partant du ton d'**UT** mineur pour passer dans les tons majeurs.

d'**UT** mineur en **UT** majeur.

d'**UT** mineur en **RÉ** ♭ majeur.

d'**UT** mineur en **RÉ** majeur.

d'**UT** mineur en **MI** ♭ majeur.

d'**UT** mineur en **MI** majeur.

d'**UT** mineur en **FA** majeur.

d'**UT** mineur en **SOL** ♭ majeur.

d'**UT** mineur en **SOL** majeur.

d'**UT** mineur en **LA** ♭ majeur.

d'**UT** mineur en **LA** majeur.

d'**UT** mineur en **SI** ♭ majeur.

d'**UT** mineur en **SI** majeur.

Il faut remarquer qu'en général toutes les modulations agréables et d'un bon effet, ont toujours au moins une note commune de l'accord parfait tonique du ton que l'on quitte, à celui dans lequel on passe, sauf les cas où les modulations se font, à la **SECONDE** supérieure ou inférieure ainsi qu'à la **QUARTE** ou à la **QUINTE** augmentées; alors dans ces cas n'ayant point de liaisons ou notes communes dans les deux accords tonique, il y en a naturellement dans les accords d'enchaînement. Il suffira d'analiser avec soin les exemples qui ont précédé cette remarque pour se convaincre de ce principe.

GAMME HARMONIQUE.

Cette gamme harmonique, appelée communement **RÈGLE** de l'**OCTAVE** doit être pratiquée dans tous les tons majeurs et mineurs et aux trois positions.

Il faut commencer par faire ce travail très lentement.

GAMME HARMONIQUE.

dans les douze tons du mode majeur.

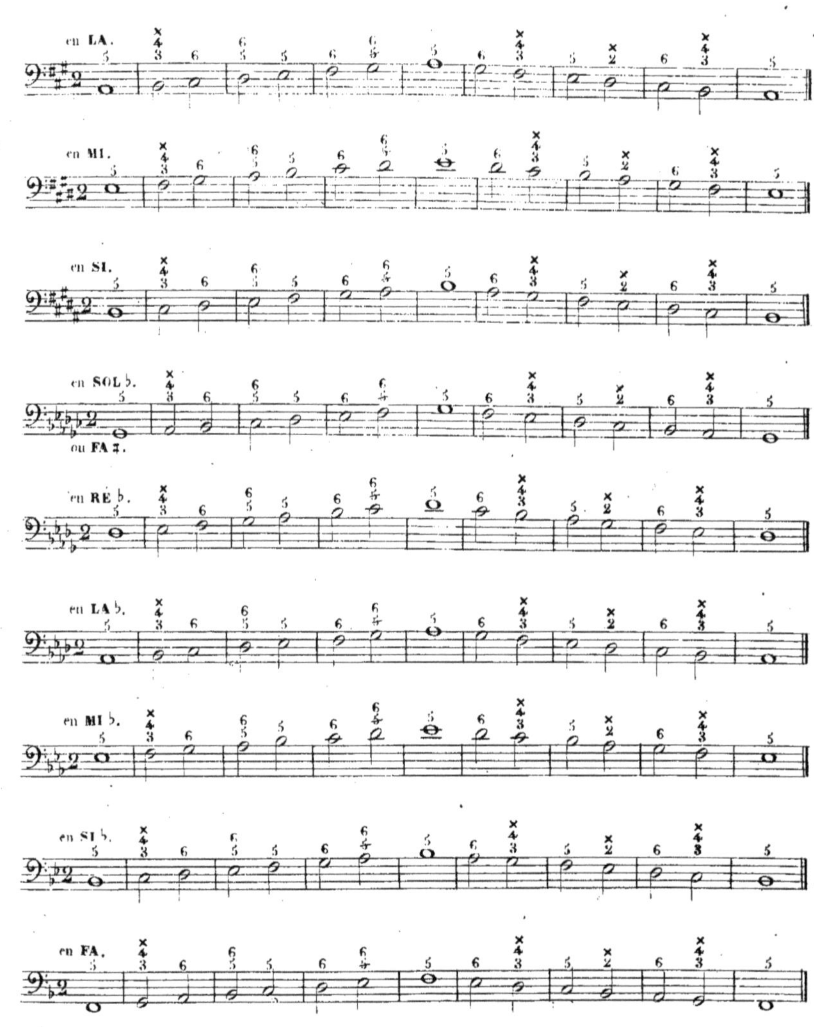
en LA.
en MI.
en SI.
en SOL ♭.
ou FA ♯.
en RE ♭.
en LA ♭.
en MI ♭.
en SI ♭.
en FA.

GAMME HARMONIQUE

dans les douze tons du mode mineur.

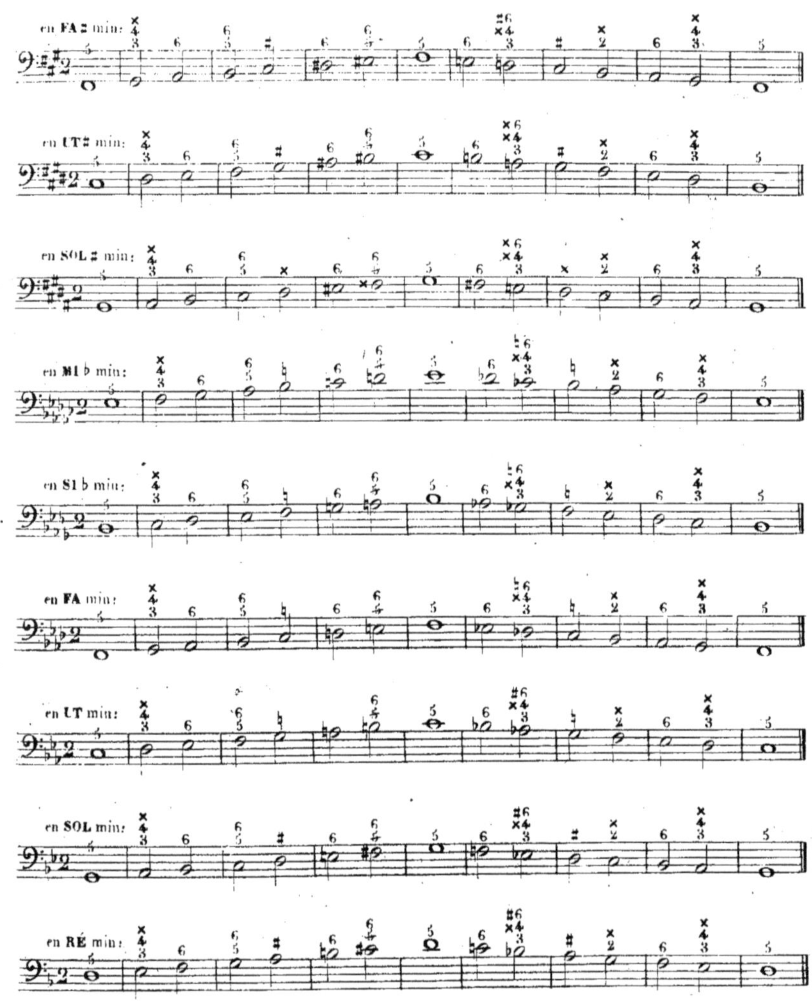
en FA ♯ min:
en UT♯ min:
en SOL ♯ min:
en MI ♭ min:
en SI ♭ min:
en FA min:
en UT min:
en SOL min:
en RÉ min:

La gamme harmonique mineure peut aussi se pratiquer avec la **SIXTE MINEURE** et la **SEPTIEME MAJEURE** en montant et en descendant quoique son effet soit un peu dur. Il faudra remarquer que nous employons dans cette gamme deux des renversements de l'accord de septième de sensible du mode mineur (7e diminuée) qui sont ici bien à leur place, puisque cet accord contient l'intervalle de seconde augmentée qui se trouve du 6e au 7e degré de cette gamme mineure.

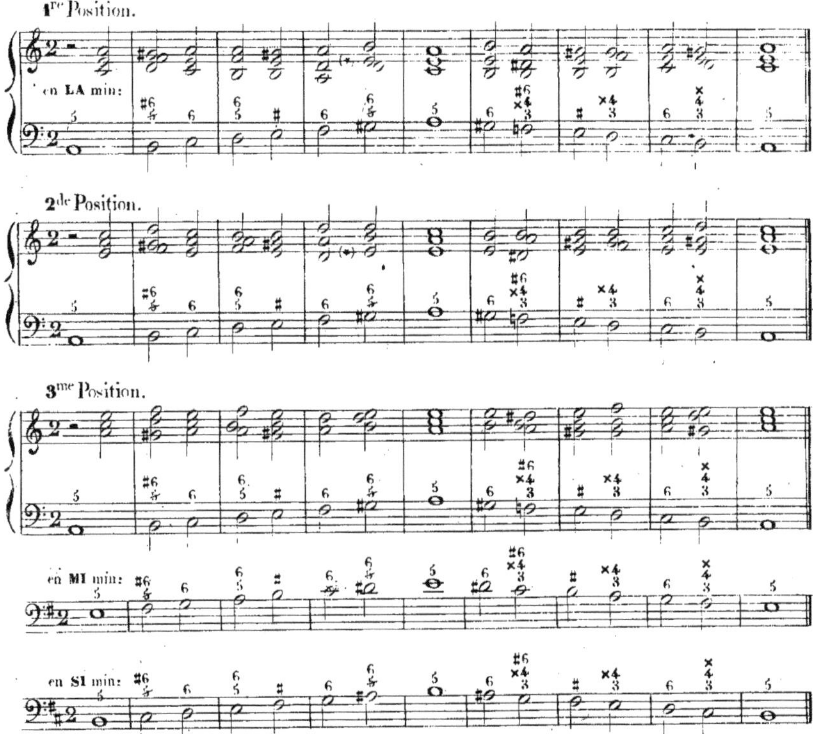

(*) Il faut remarquer, que les deux quintes parfaites de suite qui se trouve entre ces deux parties, ne produisent pas le mauvais effet qu'elles font dans beaucoup d'autres cas. La cause en doit être attribuée à la dureté qui se trouve en même temps, au passage de sixte mineure à la septième majeure.

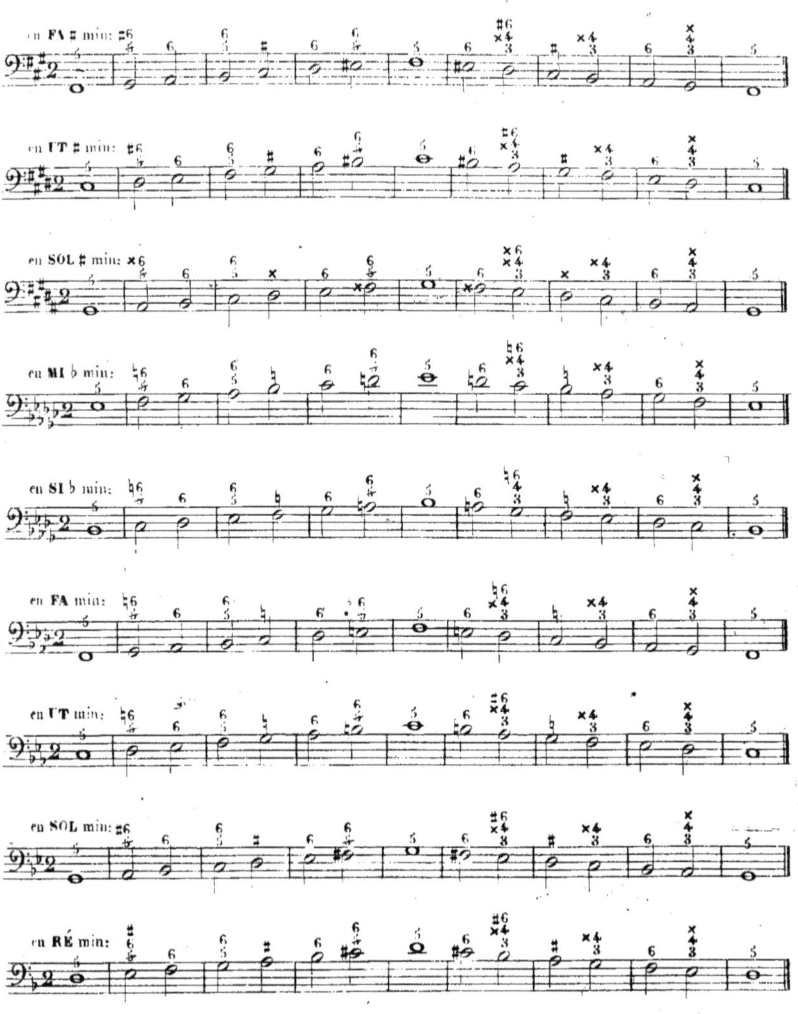
en FA ♯ min:
en UT ♯ min:
en SOL ♯ min:
en MI ♭ min:
en SI ♭ min:
en FA min:
en UT min:
en SOL min:
en RÉ min:

www.ingramcontent.com/pod-product-compliance
Ingram Content Group UK Ltd.
Pitfield, Milton Keynes, MK11 3LW, UK
UKHW021623260726
13994UKWH00003B/1045

9 782329 376585